تاجر البُندقيّة

The Merchant of Venice

وليام شكسبير

William Shakespeare

تاجر البُندقيّة

The Merchant of Venice

ترجمة: خليل مطران

رواية تمثيلية

يحتوي هذا الكتاب الترجمة العربية لرواية:

The Merchant of Venice

للكاتب: وليام شكسبير William Shakespeare

صدر باللغة العربية عن دار الهلال، مصر عام 1922.

البريد الإلكتروني: info@sameh.se

الموقع الإلكتروني: www.sameh.se

الترجمة من اللغة الإنكليزية: خليل مطران

تصميم الغلاف: كريم محمد

صورة الغلاف:

Gilbert Stuart Newton, 1794 - 1835

التصميم الداخلي: ياسمين

الطبعة الأولى، 2021

ردمك: 978-91-986811-2-3

مقدمة للمعرّب

أصل هذه القصة أحدوثة، وما أصغرها من أحدوثة، جرت على الألسنة في إيطاليا وتداولتها نقلاً عنها سائر الأمم: محصلها أن فتاة ذات مال وافر وجمال باهر وعقل كالكوكب الزاهر كان قد مات عنها أبواها فخطبها إلى نفسها ملك مراكش وأمير أراغون في جملة النبهاء ممن خطبها ولكنها وجدت الميل إلى شاب رقيق الحال من مسقط رأسها ومن بني جنسها استدان المال الذي أنفقه في الزلفى إليها بضمان صديق له فقير مثله رهن لليهودي الذي أقرض ذلك المال رطلاً من لحم صدره فاستخارت الفتاة الله في مستقبلها وناطت أمرها بثلاثة صناديق ذهبي وفضي ورصاصي جعلت في الأول منها جمجمة ميت وفي الثاني رأس هُزأة أبله وفي الثالث رسمها فمن اختار من الخطّاب الصندوق الذي فيه رسمها أصبحت له حليلة.

وقد جاء في هذه الحكاية ما يجيء عادة في كل حكاية من أمثالها: أن حبيب الفتاة هو الذي ألهم الصواب ففرحت به واحتالت لإنقاذ صديقه من تبعة ضمانه لليهودي بأن تزيّت بزيّ عالم قانوني وقضت على المرابي.

طالع شكسبير هذه الأسطورة من أساطير السذّج في تلك الأيام فما أجالها إجالة في ذهنه المبتكر حتى بدأ بها فصورها جملة في أحسن ما تتصور حادثة إنسانية شعرية معطياً إياها من الجدّة والندورة ما صيّرها من خرافة عامّية تقصها العجائز على أحفادها وحفائدها إلى رواية تمثيلية

من أسمى الروائع[1] التي جادت بها قرائح المبدعين في هذا الفن.

ثم طفق يهيّئ أجزاءها ويرتب مشوّقاتها ويصل بالأسباب الفكرية الدقيقة ما بين أوائلها وغاياتها وههنا يجد المطالع شخصاً يتمثل به كل قصد بحيث لو بحث في الإنس كلهم عن أجمع من هذا الشخص لمقوّمات الصفة التي أراد المؤلف أن يظهره متصفاً بها لما وجد أتمّ مما هو في تقدير شكسبير.

وما بالك بعد هذا بالكساء اللفظي الذي كانت أرواح تلك المعاني خليقة أن تكتسي به: إن المعجم على ضخامته وسعته الطائلة لمتضائل ومتقارب الجوانب ومتحفز الأصداء للإجابة بين يدي شكسبير كالطبيعة بأسرها حين يصور، أو كالنفس الإنسانية في أقصى حدودها جلالةً أو دقةً حين يتخيل، أو كالقلوب المتأثّرة الخفاقة حين ينصت إليها ويجمع من حسّانها مادة حكمه ليقرر.

ما ازددت قراءة لمنظومة من منظومات هذا الرجل. قصيدة فذّة كانت أم رواية، سؤالاً في عرض محادثة بين شخصين أم جواباً، كلمة جد ألقى بها في مناسبتها أم كلمة مزاح، إلا ازددت له إكباراً. وناهيك بشاعر سمت به العبقرية إلى أوج جلالها. جعل القصة التمثيلية مجالاً غير محدود للوصف فبيّن به أحوال النفس على اختلافها، وقلّب ظروف الحياة زماناً ومكاناً على كل وجوهها، وقيّد أوابد الشكل من كل نواحي الفن وفي كل مراميه، جامعاً في ذلك كافّة بين المبكي والمضحك جمعاً خلاباً غريباً،

---

[1] جمع رائعة وهو الاسم الذي عربت به ما يسميه الفرنجة chef dóeuvre أي أحسن صنيع الإنسان أو كما كانت تقول العرب أنف عمله.

مازجاً ما يغضب وما يرضي أو ما يسوء وما يسرّ مزجاً رائعاً عجيباً.

إقرأ رعاك الله هذه القصّة على النحو الذي نحاه شكسبير في جعلها حكاية عن الحقيقة تتبين عجباً عجاباً. وأي عجب عجاب كإخراجه من تلك الأنقاض المتداعية المتدابرة غير المتماسكة أنقاض الأسطورة العتيقة صرحاً ايّداً[1] مشيداً ليس في جملته ولا في تفصيله إلا أقانين صادقة من الحوادث الإنسانية بمقدماتها ونتائجها التي هي أبداً قديمة وأبداً جديدة.

الآن أصبحت تلك القصّة ولا موضع فيها لسؤال السائل عن شيء يتمم ما فيها من الدروس الاجتماعية المرتبطة بموضوعها وبكل ما يتحرك في دائرته. أصبحت ولا محل فيها لتمني من يتمنى علّة صحيحة لحديث مسوق، أو لفظة مناسبة لمقام ذي بال، أو عبارة أو إشارة كان يحسن أن توجد في مكان معلوم.

فاذا فرغنا من النظر إلى جملة القصة فهلم نقلب الطرف في التفصيل المعنوي:

خذ الأشخاص وتبيّن كنه كل منها ترَ آية شكسبير الكبرى: آية تعمقه إلى كنه الإنسانية في كل حي من أحيائها على اختلاف البيئات، وتعدد المناشئ والصفات، وتنوع المعايش والمكروهات والمشتهيات. تجد الطمع فتقول لا يصوَّر بأدق من هذا، تجد الجبن فتقول لو تمثل رجلاً لكان هذا، وتلمح الحقد الذي في قلبه فاجتمع من الثلاثة الأجزاء هذا النوع التام من الحقد بل النوع الأتم. وهكذا الحكم في كل ما تصدى شكسبير لإظهاره بمظهره البشري.

____

(1) متيناً قوياً.

إذا بلغ الوفاء من الصديق للصديق أسمى مبالغه التي شهدناها، أو جاءنا بسيرها التاريخ من عهد أرسطاطاليس الذي يؤثر عنه تحبيذ معنى أرقى في معاني الوداد، هل يزيد شيئاً على ما جعله شكسبير في نفس «أنطونيو» من معجزة الوفاء وأجراه على لسانه من بدائعها؟

إليك ما يقوله حين يستعين به صاحبه على اقتراض المال الذي به يتقرب إلى مالكة لبّه ويتوصل إلى مطمح نظره ومطمع قلبه.

«انطونيو: ما كان أغناك، على علمك بي، عن إضاعة الوقت في الاحتيال للاستعانة بمودتي. إنك بارتيابك في خلوصي لك لتسؤني أكثر مما لو أضعت عليَّ ثروتي بأسرها. قل ما ترجوه مني فيما تعرفني قادراً عليه فقد أحببت. تكلّم».

ثم إليك ما يقوله أنطونيو حين يشترط اليهودي إقراراً منه بأنه إذا لم يفِ بالدين المطلوب في يوم كذا بمكان كذا أوجب لليهودي عليه اقتطاع رطل من لحمه في المكان الذي يختاره من جسمه فقد كان أول جوابه هذه الكلمات التي هي من أكبر ما قيل في التفدية للصديق بالنفس والنفيس «أوافق بارتياح على هذا الشرط».

ثم إليك ما يقوله أنطونيو مودعاً وقد وقف من الموت قيد خطوة وبقي له من العمر فسحة دقيقة أو ثانية لا يحسب لها ثانية ويموت عندئذ من أجل صديقه أبشع الميتات وأشدها إيلاماً للتصوّر فضلاً عن الجثمان الحي سامعاً ورائياً شحذ المدية على نعل اليهودي الذي يتأهّب لقتله.

«أنطونيو: شيء غير كثير؛ أنا متأهّب وصابر. هات يدك يا باسانيو وتلقَّ

وداعي. لا يحزنك أن صرت هذا المصير من أجلك فإن المقادير قد رفقت بي رفقاً ليس من مألوفها في مثل مصابي. فمن مألوفها أن تبقي من فقد جاهه حياً غائر العينين مثقل الجبين بالغضون يتوقع شيخوخة البؤس والفاقة. أما أنا فإنها أنقذتني من هذا العذاب الطويل وغاية ما أرجو أن تذكرني بخير لدى عروسك المشرفة وتخبرها كيف كانت نهاية أنطونيو وتصف مبلغ حبي لك وتبثّها بثّك ممّا ألمّ بك حين شهدت ميتتي فإذا فرغت من ذلك أن تسألها «ألم يكن لي صديق؟» ثم أن لا تعاتب نفسك على وفاة ذلك الصديق فإنه هو غير آسف على إبرائك من دينك مع علمه أن مدية اليهودي لو إنحرفت أو تمادت قليلاً لذهبت بالقلب كله فداءً لك».

فإذا انتقلنا إلى تمثيل الجمال أصلح ما يكون لتزدان به الزوج الصالحة وأبهج ما يكون رسماً حسيّاً للكمال فهل يتهيّأ لنا ملك في شكل بُرسيا وهي تقول لعاشقها الذي وفّق فصار زوجاً لها:

«بُرسيا: أيها الهمام باسانيو ها أنا لديك كما أنا ولولا أمر جددته في نفسي لاجتزأت بالنّعم التي منحتها ولم أستزد. لكنني غدوت متمنية من أجلك لو رجحت ستين مرة على ما أعادل اليوم ولو كنت ألف مرّة أجمل وعشرة آلاف مرّة أعظم جاهاً فتكبر حظوتي في عينيك ولو كان لي من الفضائل والمحاسن والأموال والأصحاب أعداد لا تنفد. إلا أنني ولا فخر غير خالية من شيء يقدر بقدر فإنها أمامك فتاة معصر نقيّة غرّة تعتد من لطف العناية بها كونها لم تزل لدنة صالحة للتقويم. ومن سعد طالعها أنها ليست من الجهل بحيث تستعصي على التعليم. ومن تمام نعائمها أن

عقلها طيّع يدعوها إلى إلقاء زمامها عن رضى بين يديك والإقرار عن خضوع بأنك سيدها وأميرها ومليكها. فأنا وكل مالي قد أصبحنا لك اليوم. كان قبلاً هذا القصر المشيّد قصري وكنت مولاة خدمي وحشمي وكان بيدي قياد نفسي. أما الآن فالدار والنبع والمتبوعة في تصريف بنانك يا وليَّ أمري».

كل أولئك عجب وإن عند شكسبير لا عجب: هذا شيلوخ اليهودي المطماع، المرابي، الحريص إلى التقتير، الذي لا تسخو نفسه «بالدوقي» ينفقه في اقتناء الدواء إذا مرض وأوشكت العلّة أن تقضي عليه، قد تأصّل بغض النصرانية من نفسه حتى أنك لتراه على النقيضين في آن: يثور به الحرص فيبكي، وأي بكاء، على أعلاق[1] سرقتها ابنته وفرّت بها مع شاب مسيحي، ثم يشبّ به عامل الحقد الديني فيتغلب فيه على ذاك العامل ويحركه إلى التّخلي عن ثلاثة آلاف دوقي ذهباً. بل عن ستة آلاف بل عن إثني عشر ألفاً تعرض عليه فداء فيأباها كأنها أقل من درهم لينتقم من أنطونيو النصراني.

وهل في إظهار التنازع بين الإحساسين المتضادين في النفس الواحدة أبلغ من هذه العبرة التي جاء بها شكسبير بين الجد والهزل؟ طالعوا في دقائق معدودة هذا الحوار بين شيلوخ وبين صديقه وأخيه في الدين طوبال الذي ناط به شيلوخ البحث عن ابنته الفارّة:

«شيلوخ: ما وراءك يا طوبال أوجدت ابنتي في جنوا؟

طوبال: خوطبت عنها في أماكن جمة ولكنني لم أتوصل إلى عرفان

____

(1) نفائس.

موضعها.

شيلوخ: يا للخسران. اختلست مني ألماسة بيعت عليَّ في فرنكفورت بألفي دوقي. الآن قد طفقت اللعنة تحل على أمتنا حلولاً لم أشعر به من قبل. ألفا دوقي فقدتها عدا مصوغات أخر غالية وأي غلاء. من لي بابنتي ميتة عند قدمي والألماستان في أذنيها؟ من لي بها ممدودة هنا أمامي على وشك أن تحمل في نعش وتحمل معها الدوقيات؟ عجباً أما من نبأ عنها- هكذا- ويعلم الله كل ما سأنفقه حتى أجد تلك الضّالة. خسارة فوق خسارة.

طوبال: لست فذّاً في تعرّضك للنوائب: إن أنطونيو قد فقد إحدى سفائنه.

شيلوخ: حمداً لله حمداً لله. أيقين؟ أيقين؟

طوبال: كلمت نواتية نجوا من الغرق.

شيلوخ: وحمداً لك يا صديقي طوبال. نعمت الأخبار نعمت الأخبار.

طوبال: سمعت أن كريمتك أنفقت ثمانين دوقياً في ليلة واحدة بجنوا.

شيلوخ: تطعنني بخنجر في قلبي: لن يعود إليَّ ذهبي.

طوبال: في رجوعي إلى البندقية حُدّثت أن أنطونيو لا بد له من التفليس.

شيلوخ: يا فرحاً بها قالوا: سأعذبه. سأنكّل به... يا للسرور.

طوبال: أراني أحدهم خاتماً نفحته كريمتك به لتحلية قرد أعجبها.

شيلوخ: ويحها من تاعسة. تقتلني يا **طوبال**: تلك زبرجدتي التي اشتريتها

من ليحا أيام عزوبتي ولو أعطيت بها فرقة من القردة لما أعطيتها».

أما من جهة العبارة وفصاحتها والديباجة وروعتها فليس في عزمي بالبداهة أن أجيء باستشهادات في اللغة الإنجليزية لتبيين براعة شكسبير في استخدام لغته على ألف نحو لا يجارى فيه للتّعبير عما يجول في رأسه أو ينبض به قلبه. وإنما سأحاول أن أظهر تلك البراعة بأقرب ما نتسنى محاكاة النقل للأصل، فيشعر متصفّح الكلام وهو يقرأه عربياً مبيناً أن شكسبير هو الذي يتكلم.

خذ مثلاً من أمثال تتجدد في كل صفحة وتتعدد في كل مقام: كلام بُرسيا وهي متنكرة في زيّ قاضٍ تصف الرحمة لتستعطف الإسرائيلي شيلوخ. أقيل في الرّحمة أفصح وأجلّ من كلامها؟

«بُرسيا: جمال الرّحمة أن تكون خياراً لا اضطراراً. فهي كماء السماء ينهمل بالخير ويهطل باليمن عفواً ممن وهب وبركة لمن كسب. فإذا كانت الرحمة عفواً صادراً عن مقدرة فهنالك بهاء قدرتها وازدهاء جلالها. أما تراها إذا تحلّى بها الملك القائم كانت لهامته أزين من التاج وفي يده أقوى من صولجان الأمر والنهي وكان عرشها المنصوص في قلبه أعظم تمكيناً له من عرشه الذي يستوي عليه لأنها من صفات الله عزّ وجلّ ولا يكون السّلطان الدنيوي أقرب شبهاً إلى السّلطان العُلوي منه إذ يلطف العدل بالرحمة. فيا أيها اليهودي مهما يكن من استنادك في دعواك إلى العدل فلا تنس أن الله لو عامل كلًّا منا بمحض العدل لما بات إنسان على أدنى رجاء بالمغفرة والنجاة. لهذا نستغفر الله كل يوم في أدعيتنا. وكما نستميحه العفو يجب علينا أن نكون من العافين عن الناس».

وإذا كنت قد آثرت موضوعاً جليلاً للإستشهاد به هنا فلا يؤخذن من ذلك أن كل لفظة جعلها شكسبير حتى في نطق أحقر أشخاصه وأقلّهم شأناً ليست هي اللفظة التي تتعين دون سواها لأداء غرضه مقوّى بها كما هي طريقته في الأداء التمثيلي مائة ضعف على اعتبار أنه إنما يخاطب بها العالمين لا فئة من الناس دون الأخرى.

عند هذا الحد أقف في وصف هذه الرواية والتنبيه على شيء من مزاياها وسيرى المطالع بنفسه من حسناتها في كل عبارة وفي كل فقرة وفي كل رمز ما تأخذه الدهشة لديه ويخالط عجبه منه الإعجاب به.

إن الغُرر[1] في روايات شكسبير ثمان على ما أعتقد، وهذه إحداهنَّ عرّبتهنَّ جميعاً وسأوالي تمثيلهن بالطبع إذ هنَّ لكل لغة حاجة وزينة فما بالك باللّغة العربية وهي مجتمع أبحر البيان وملتقى كل حسن أدبي وإحسان.

مصر في أول مارس سنة 1922
خليل مطران

____

(1)   جمع غرّة وهي اسم ثان اصطلحتُ عليه مرادفاً لكلمة chef dóeuvre

الأشخاص

دوج البندقية

الأمير المراكشي

أمير أراغون

أنطونيو، تاجر البندقية

باسانيو، صديقه

سالانيو، وسالارينو، وغراتيانو: أحباب أنطونيو وباسانيو

لورنزو، عاشق جسّيكا

شيلوخ، يهودي

طوبال، يهودي صديق لشيلوخ

لنسلو، جوبّو مضحك في خدمة شيلوخ

جوّنو الهرم، والد لنسلو

سالريو، رسول من البندقية

ليوناردو، خادم باسانيو

بلتزار، وستيفانو: أجيران لبُرسيا

بُرسيا، وارثة مثرية

نريسا، تابعة لها

جسيكا، بنت شيلوخ

أعيان من البندقية

ضباط دار الحكم

سجّان

إلخ...

تجري وقائع هذه الرواية تارة في البندقية وتارة في قصر بُرسيا بمدينة بلمنت.

الفصل الأول

المنظر الأول

منهج في البندقية

(يدخل أنطونيو وسالارينو وسالانيو)

أنطونيو: حقا لا أعرف لماذا أنا حزين حزناً يتعبني ويشق عليكما فيما أرى. إني لأسائل ضميري من أين جلبت أنا هذه الكآبة، أو كيف وفدت هي عليَّ، أو في أي مكان صادفتني، أو من أي غزل نسجت، أو تحت أية سماء ولدت، فما أكاد أحير[1] جواباً بل أشعر أنّ بي بلاهة، وأوشك أن أتنكر على نفسي.

سالارينو: لا غرو[2] أن يكون عقلك ضارباً في العباب[3] متعقباً[4] بين النواهض والعوائر من الأمواج آثار مراكبك الضّخام التي تتخطر

---

(1) أعرف كيف أجيب.
(2) لا عجب.
(3) صدرِ البحر.
(4) متتبعاً.

بسواريها البواسق⁽¹⁾ من فوق الغمر⁽²⁾ تخطر الغطاريف⁽³⁾ الذين لهم السّيادة على البحر أو تحلّق من عالٍ فوق جماهير الصّغار المتضائلات⁽⁴⁾ من سوقة السفن وعامة المنشآت⁽⁵⁾ فيحيينها بإجلال حين مرورها بهن سابحة وكأنها طائرة بأجنحتها الكتانية.

سالانيو: أيقن يا سيدي أنني لو خاطرت بمالي مثل مخاطرتك لدرجت أهوائي تتعقب آمالي في تلك الآفاق البعيدة أو لما وجدني من نشدني⁽⁶⁾ إلا عاكفاً على فريعات الأعشاب أستخبرها عن مهابّ الرياح أو مكبّاً على صور الأرض أبحث عن المرافىء والأرصفة والموانىء فأيّما شيء تبينت منه أدنى بأس على أوساقي⁽⁷⁾ مت له جزعاً.

سالارينو: بل لكان من شأني في مثل هذه المجازفة أنني إذا نفخت في حسائي⁽⁸⁾ لتبريده طفقت أفطن للآفات التي قد تحدثها العواصف في البحر فأرتعد. وإذا نظرت إلى تناقص المزولة⁽⁹⁾ خطرت على بالي الجروف والأغوار الرملية وبدت لوهمي تلك الجارية⁽¹⁰⁾ الكبرى المسماة بنت

---

(1) العاليات.
(2) معظم البحر.
(3) جمع غطريف وهم السادة.
(4) ضدّ الجسيمات.
(5) السوقة ضد الملوك والعامة ضد الخاصة والمنشآت السفن.
(6) طلبني.
(7) جمع وسق وهو ما يحمل من التجارات من مكان إلى آخر.
(8) المرق الذي تسميه العامة «شوربة».
(9) الساعة الرملية.
(10) السفينة.

أندري انحة[1] وقد انقلبت ساريتها الوسطى إلى ما تحت غاطسها كأنها تقبل رمسها. وإذا يمّمت[2] الكنيسة فلاحت لي مبانيها الحجرية الممردة[3] ذكرت من فوري تلك الصخور الصّماء التي إن مسّت جانباً من جوانب فلكي أرتطم[4] بها وألقى بما يحمله على وجه المحيط فانبثّت[5] البقول فوق الخباب[6] وانتشر الحرير على مناكب الأمواج الهدّارة[7] وانتقلتُ أنا في عقبها من ملابسة الثراء إلى ملابسة الثرى[8]. أفي وسع إنسان أن يرى مني تلك الحالة فلا يفهم أن ما يشغل بالي إنما هو هذا الشاغل؟ قولوا ما تشاؤون أما أنا فلا أحمل همَّ أنطونيو إلا على محمل تفكيره في مشحوناته.

أنطونيو: لا وصدّقاني. ليست لحسن طالعي كل بضائعي في موسق واحد ولا هي موجّهة إلى مكان واحد فتكون عرضةً للأخطار. بل أزيدكما أنني لم أقامر بكل ثروتي في مضاربات هذه السّنة فكآبتي ليست من جانب مشحوناتي.

سالانيو: إذن أنت عاشق.

أنطونيو: لا ولا.

---

(1) مائلة.

(2) قصدت.

(3) العالية.

(4) تلف.

(5) انتشرت.

(6) الموج.

(7) التي تجأر بصوتها.

(8) استعارة يراد بها من حالة الغنى إلى حالة الفقر المدقع.

سالانيو: فإن لم تكن عاشقاً لم يبق لنا أن نقول إلا أنك ترحٌ[1] لأنك غير فرح كما أنك بالقياس على هذا النحو لو كنت مبتهجاً لجاز لك أن تضحك وترقص وتجهر بأنك مسرور؛ لأنك لست بمحزون. حلفت بيانوس[2] ذي الوجهين أن الطبيعة تخلق في بعض ما تخلق أناساً مستغربين، فئة منهم لا تني[3] عيونهم متيقظة على كونهم كالبغاوات يضحكون لأول نافخ في مزمار يسمعهم لحناً ما، وفئة آخرون لا يفتأون مقطبين جباههم. إذا طرقت آذانهم نكتة من المستظرفات التي تضحك الحليم- ولو أنه نستور الحكيم- لم تتفتق لها شفاههم المضمومة عن أدنى ابتسام.

(يدخل باسانيو ولورنزو وغراتيانو)

سالانيو: هذا باسانيو قريبك الشريف قادماً يصحبه غراتيانو ولورنزو. نستودعك الله وندعك لرفقة أحسن محضراً منا.

سالارينو: لو لم يجيء من هو خير مني لأقمت حتى أزيل كآبتك.

أنطونيو: ما أشدّ إعتدادي بمودّتك لكن شؤونك تدعوك وأنت تنتهز الفرصة للانصراف إليها.

سالارينو: نعمتم صباحاً يا سادة.

باسانيو: ايهاً[4] يا سادة متى نستأنف مباسطتنا؟ قولوا متى؟ لقد أطلتم هجرنا فإلى م هذا الجفاء؟

---

(1) حزين.
(2) إله الفتح عند الرومان.
(3) لا نزال.
(4) كلمة تنبيه مع تحبب.

19

سالارينو: متى أذنت أشغالكم باللّقاء فنحن ممثلوا أمركم.

(ينصرف سالارينو وسالانيو)

لورنزو: أما وقد التقيت بأنطونيو يا سنيور باسانيو فنحن نتولى عنكما إلى أن يحين العشاء فعسى أن لا تنسى المكان الذي سنجتمع فيه.

باسانيو: ثقا إنني آت.

غراتيانو: ليس في وجهك ما يدلّ على الصّحة يا سنيور أنطونيو. لشد ما تشغلك أمور الدنيا ومخسرٌ[1] من اشترى النّجاح بثقال الهموم. إنك لعلى غير ما أعهد فيك من العافية.

أنطونيو: غراتيانو إنما أنظر إلى هذه الدنيا كما يجب أن ينظر إليها باعتبار أنها ملعب لكل فيه دور. أما دوري فكتبت عليه الكآبة.

غراتيانو: وأما الذي أوثره لنفسي فدور الضحكة[2] لئن علتني غضون[3] الشيخوخة فلا علتني إلا بين السّرور واللّهو. وخير لي أن ترمض[4] الخمرة كبدي من أن تبدّد الأشجان أنفاسي تصويباً وتصعيداً. علام يرضى الإنسان إذ الدم لا يزال حاراً في عروقه أن يتشبه بالمرمر المصنوع منه تمثال جده فلا ينام إلا مستيقظاً ولا يستفيد من تدفق الكآبة الصفراء على قلبه سوى داء اليرقان. اصغ إليّ أنطونيو. أنا أحبك، وعن حبي مصدر الكلام الذي أسوقه إليك. من الناس من وجهه كوجه الماء

---

(1) ضد الكاسب.

(2) هو الذي يضحك منه.

(3) تجاعيد.

(4) تجعلها حرّى.

الرّاكد[1] به انتفاخ ويغشاه ما يغشى المستنقعات من المراءاة[2] يصمت عن تدبير ليذيع عنه أنه لبيب متبصّر متبحّر[3] في الأمور فإذا فتح فاه فكأنه قائل: «أنا صوت الوحي حذار أن تنبح الكلاب». أي صفيّي أنطونيو أعرف غير واحد لم يشتهروا بالعقل إلا لعدم نطقهم بشيء مع أنهم لو نبسوا[4] لآذوا أسماع مجالسيهم ولعوملوا معاملة المجانين. سنعود إلى هذا البحث فيما بعد. إنتصح بنصحي ولا تحاول أن تتصيد الشهرة بحبالة حزنك في صيد الحمقى – تعال أيها العزيز لورنزو – (لأنطونيو) وداعاً إلى هنيهة – سأتمّ عظتي بعد العشاء.

لورنزو: أجل سندعكم إلى ميقات العشاء ولمّا كان غراتيانو لا يفسح لي في الكلام البتة فقد رضيت أن أكون واحداً من أولئك الحكماء الصامتين.

غراتيانو: لا جرم أنك لو استمررت على معاشرتي سنتين آتيتين لتعذّر عليك بعدهما أن تعرف صوتك.

أنطونيو: في رعاية الله. إذا ظلّت الحال هكذا لم تلبث أن تحوّلني إلى ثرثارة.

غراتيانو: أولى لك ثم أولى فإنّ الصّمت لا يحمد إلا في اللّسان المدخن[5] وفي فم العذراء التي لا تبيع عرضها.

(يخرج غراتيانو ولورنزو)

____

(1) غير المتحرك.

(2) التظاهر بغير ما فيه.

(3) متعمّق.

(4) نطقوا.

(5) ضرب من الطعام.

أنطونيو: أيوجد شيء من المعنى تحت هذا كله؟

باسانيو: أذلق[1] أهل البندقية لساناً بمثل هذه التوافه غراتيانو والأسباب التي يبني عليها أقاويله أشبه بحبّتي قمح في مكيالين مفعمين بالتّبن فتّش سراةَ[2] النهار حتى تجـدهما فإذا وجدتهما فما أقلّهما من شيء في جانب هذا العناء.

أنطونيو: حسن . حدَّثني الآن عن تلك المرأة التي عزمت على حجّ بيتها في الخفاء.

باسانيو: لا تجهل يا أنطونيو ما كان من تبديدي ثروتي بالتوسع في الإنفاق منها على قلة مواردها وما جرني إليه ذلك من الدّيون الباهظة فهمّي الآن– ولا يداخله شيء من خوف السقوط عن ذلك المقام الرفيع– هو أن أوفي تلك الدّيون كما يقتضي شرفي ومعظمها فما سمحت لك عن وداد. فإلى ودادك اليوم ألجأ لتعينني على تحقيق آمالي وتمدّني بما يوصلني إلى أداء ما عليَّ.

أنطونيو: عرّفني آمالك يا صديقي باسانيو فإذا كانت شريفة كما أعهدك شريفاً فأنت واثقٌ أن مالي وشخصي وكلّ ما في وسعي رهن خدمتك.

باسانيو: عندما كنت طالب علم اتّفق لي غير مرة أن أرمي نبلاً فأفقد أثرها فإذا أردت الإهتداء إليها رميت أخرى في ناحيتها ورقبتها في منطلقها ثم مضيت في ذلك المتّجه فلم أرجع إلا وقد ظفرت بالنّبلين جميعاً. ذلك لمخاطرتي بالثانية بعد الأولى، وقد قصصت عليك هذه

____

(١) أمضاهم لساناً برشاقة.

(٢) طول.

السانحة الصبوية لأن ما سأذكره لك لأنه لا يقل عنها تفاهة. أنا مدين لك بكثير ويوشك ما أقرضتني أن يكون مفقوداً لأن نزق الصبى حال دون تبصري في عقبى هذا التفريط. غير أنك إذا أسعدتني على إرسال سهم ثان في مرمى السّهم الأول رقبته بتفطن وفزت يقيناً بوجدان السّهمين كليهما أو عدت على الأقل بالأخير منها وبقيت لك عن الذي سلف ممتنّاً شكوراً.

أنطونيو: ما كان أغناك، على علمك بي، عن إضاعة الوقت في الاحتيال للإستعانة بمودتي. إنك بارتيابك في خلوصي لك لتسوؤني أكثر مما لو أضعت عليَّ ثروتي بأسرها. قل ما ترجوه مني فيما تعرفني قادراً عليه فقد أجبت. تكلم.

باسانيو: في قصر بلمنت غانية غنيّة، وارثة لجاه كبير، جمالها فوق ما تصف الكلم وخصالها لا نظائر لها. راسلتني عيونها في بعض الأوقات ساكتة والهوى يتكلم. يسمونها بُرسيا ولا تقل شيئاً عن سميتها بُرسيا بنت كانون قرينة بروتس[1] على أنّها ليست بمغمورة الذكر[2] ولا مبخوسة المهر[3] فإن نبهاء[4] الخطّاب يتوافدون إليها من كل فجّ وشاطىء. تتساقط ضفائرها على صدغيها كأنها جدلت من ذهب. وما من خاطب مجدّ وطالب سعد إلا وقد طرق بابها والتمس جوابها. فيا صديقي أنطونيو لو

---

(1) كلا هذين الرجلين من الرومانيين الذين اشتهروا بالفضائل.
(2) غير معروفة.
(3) اي مهرها غالٍ.
(4) ذوي المقامات الرفيعة.

تيسّر لي أن أتقدم بين المتقدمين في هذه المناظرة فإن وحياً نجياً[1] يسّر إلى قلبي أنني سأدرك قصب السبق.

أنطونيو: تعلم أن ثروتي جميعها تحت رحمة المحيط وأنه لا يتسنى لي أن أجمع الآن من مالي مقداراً جديراً بالذّكر فاذهب إلى البندقية واسبر[2] ما تقدر على استدانته بضماني فأيّاً كان الشيء يبلغك مرامك لم يعز عليّ بذله. إبحث في كل مظنة للنقود وسأبحث أنا كذلك ولعل ما للناس بي من ثقة أو ما لي عندهم من الكرامة يقضيان أربك.[3]

(يخرجان)

<hr>

(1) مخاطباً في السر.
(2) واعرف.
(3) امنيتك وطلبك.

24

المنظر الثاني

بلمنت- قسم من قصر بُرسيا

(تدخل بُرسيا ونريسا)

بُرسيا: حقاً يا نريسا إن جسمي الصّغير لتعب من هذا العالم الكبير.

نريسا: ما كان أحراك بهذا التّعب لو أن ما عندك من اليسر أبدل بعسر، غير أنني قد تبيّنت فيما تبيّنت أن الإنسان يُشقيه فرط الغنى كما يُشقيه جهد الفقر، وأن السّعد عين السّعد في الحالة الوسطى فإن مع الترف وشك[1] المشيب ومع الشظف إمهال الأجل.

بُرسيا: نعمت الحكمة وحبّذا مجراها على لسانك.

نريسا: لخير أن يعمل بها من أن تقال.

بُرسيا: لو كان العمل بالأصلح سهلاً كالعلم به لاغنت البيع[2] الصّغرى عن الكنائس الكبرى ولكانت أكنان[3] الفقراء هي القصور الآهلات.. أفضل الواعظين هو ذلك الذي يتعظ بأقواله. قد يهون عليَّ تعليم عشرين سامعاً أكثر مما يهون عليَّ، لو كنت أحدهم، أن أنتصح بنفس نصائحي.

---

(1) سرعة.
(2) جمع بيعة وهي الكنيسة.
(3) البيوت الصغيرة التي يأوون إليها.

العقل يسنّ القوانين للحواس ولكن حرارة الطّباع تدوس تلك الروابط الباردة. ما أشبه جنون الشباب بالأرنب الوثّاب وما أشبه العقل بالشرك الضعيف أفلت منه ذلك الأرنب فمضى لغير مآب.

على أن هذا القياس لا ينفعني أدنى نفع في اختيار زوج لي. كيف أذكر الاختيار وما بوسعي انتقاء من يعجبني ولا ردّ من لا أحب. جُعِلتْ إرادتي، وأنا فتاة في اقتبال الحياة، رهن إرادة تقدم بها إليَّ والد هو الآن ميت– أليس شاقاً على النّفس يا نريسا أن تكون الفتاة غير قادرة على قبول من تودّ أو رفض من لا تودّ.

نريسا: كان أبوك امرأً[1] خير والأبرار يلهمون الخير قبل وفاتهم فاعتقدي أنَّ الاقتراع الذي ناطه بهذه الصناديق الثلاثة الذهبي والفضي والرصاصي وجعلك حليلة[2] لمن يجيء اختياره وفق مراده لن يجيئك منه إلا بعل جدير بحبك. على أن الخطّاب الذين تقدموا إلى الآن كثير، أفما تقولين لي أيّهم أكبر حظوة في عينيك؟

بُرسيا: أعيدي عليَّ إن شئت أسماءهم أصفهم، ومن الوصف تعلمي منازلهم من رأيي.

نريسا: أولهم الأمير النّابلي.[3]

بُرسيا: هذا حيوان لا شك فيه. يتكلم بلا انقطاع عن جواده، ويتباهى بأنه ينعلُ الدابة بيده. ويتقّن. حتى لأخشى أن تكون أمه قد عثرت عثرة

____

(1) رجل خير.
(2) قرينةً وزوجاً.
(3) نسبة إلى نابلي إمارة لذلك الوقت بإيطاليا.

بين يدي أحد البياطرة.

نريسا: يليه الكنت البالاتي.[1]

بُرسيا: هذا رجل سحنته متشبعة من حسن ظنه بنفسه كأنه يُخيّرك «أترضين بي أم لا ترضين؟ أبيني».[2] يسمع أظرف السير بلا تبسم وأخاف لشدة كآبته في شبابه أنه إذا بلغ أخريات أيامه عاش عيشة الفيلسوف الباكي. لأوثر[3] على الواحد من هذين أن أقترن برأس ميت في فمه قطعة من العظم.

نريسا: كيف تقولين في الشّريف الفرنسي مسيو ليبون؟

بُرسيا: هكذا خلقه الله ولا إعتراض لي على وجود مثله بين الرجال. أعرف أن سخرية المرء من أخيه خطيئة، لكن ذلك الرجل أكرم حصاناً من النّابلي، وأقبح عبوسة من الكنت البالاتي. هو كل شيء ولكن لا شيء. إذا تغنى الشحرور ترقص له، وإذا لقي ظله بارزه. فاقتراني به إنّما هو إقتران بعشرين زوجاً ولو احتقرني لغفرت له اذ لو أحبني إلى الجنون لما أصاب مني سوى الاحتقار.

نريسا: إذاً ما فكرك في فلكسنبردج البارون الإنجليزي؟

بُرسيا: تعلمين أنني لم أخاطبه. إنه ناعم الأظافر لا يفهم كلامي كما أنني لا أفهم كلامه. هو يجهل اللاتينية والفرنسية والإيطالية وأنا أجهل الإنكليزية إلا كلمتين لا تقوم معهما الشّهادة لدى القضاء بأنني أحسن

27

هذه اللغة. به جمال ولكنه كجمال الصور وأنّى[1] لي أن أتمتع بحديث مع صورة. ملبسه غير مألوف وأظن أنه اشترى صداره[2] من إيطاليا وسراويلاته[3] القصيرة من فرنسا وقبعته من ألمانيا واتخذ عاداته من مختلف الأقاليم.

نريسا: وما قولك في جاره النّبيل[4] الاسكتلندي؟

بُرسيا: إنه شديد الرغبة في الإحسان إلى أخيه الإنسان بدليل أنه افترض صفعة[5] أخيه الإنكليزي ثم أقسم إلا ما ردها إليه حين يستطيع وفي زعمي أن الفرنسوي ضمن له المعونة على هذا الردّ لكنه زوَّر صك الضّمان.[6]

نريسا: ما حكمك في اليافع الألماني ابن أخي دوق سكس؟

بُرسيا: بغيض قبل الصّبوح[7] وأبغض منه بعد الغبوق.[8] يوشك في أحسن أوقاته أن يكون رجلاً وفي أقبح أوقاته لا يفوق الحيوان الأعجم إلا بشيء يسير. والخيرة لي مع ترجيح السّيئات على الحسنات أن أستغني عنه.

-----

(1) من أين لي.
(2) الصدرة أو ما يلبس على الصدر.
(3) البنطلونات.
(4) الذكي الكريم العنصر.
(5) هي الضربة في قفا الرأس.
(6) إشارة إلى مواعيد فرنسا لاسكتلندا بالمساعدة في كل خلاف قام بين الاسكتلنديين وبين الإنكليز.
(7) شرب الخمر صباحاً.
(8) شرب الخمر مساءً.

نريسا: لو أنه اقترع في المقترعين وأصاب الصندوق الرابح أتأتينه لك بعلاً فتخالفي إرادة والدك؟

بُرسيا: ضعي كأساً كبيرة من خمر الرين على الصندوق المقابل لذاك يترامَ إليها لا محالة ويؤخذ بهذه الحيلة وإلا آثرت كل مصير أصير إليه في الدنيا على التّزوج من إسفنجة.

نريسا: لا تخشي يا سيدتي أحداً من هؤلاء فقد علمت بعزمهم على العود إلى ديارهم وعدولهم عن الطّموح[1] إليك إلا إذا وجد موفق منهم وسيلة لاكتسابك غير القرعة التي أوصى أبوك بها.

بُرسيا: لو عشت أطعن في السن من السيبيل[2] لمتُّ أطهر في ملمس عفتي من ديانا ولم أتزوج إلا على الطّريقة التي اختارها أبي. أنا مسرورة بما عند هؤلاء الخطّاب من سرعة الإدراك، ممتنّة لغيابهم جميعاً، داعيةً ربي لتوفيقهم في السفر.

نريسا: ألا تذكرين يا سيدتي أنك رأيت في حياة أبيك رجلاً متأدباً شجاعاً من أهل البندقية زاركم مع المركيز دي منفرّات؟

بُرسيا: بلى بلى وكأنني أتفطن لاسمه... باسانيو... فيما أظن.

نريسا: أجل يا سيدتي وأحسبه أخلق[3] من رأيت بأن تهواه امرأة جميلة.

بُرسيا: أذكره جيداً وهو جدير بمدحتك- ايهاً ما وراءَك.

---

(1) التمادي ببصرهم.
(2) هي العرافة التي زعموها تعيش ألف عام.
(3) أجدر وأحرى

(يدخل خادم)

الخادم: الأجانب الأربعة يلتمسون أن يروك للاستئذان بالرّحيل. وجاء رسول من أمير مراكش يقول أن سيّده سيفد الليلة.

بُرسيا: إذا قدّر لي أن أتلقى الخامس بسرور يعادل سروري بوداع الأربعة الآخرين ابتهجت بقدومه على أنّه لو اجتمعت فيه بيض شمائل الأولياء[1] إلى سواد وجه الشيطان لحبّذته[2] كاهناً ونبذته[3] قريناً. هلمّي نرسيا– (للخادم) أنت تقدّمنا– بينما نحن نقفل الباب في وجه خاطب إذا خاطب غيره بقرع الباب.

(تخرجان)

____

(1) الصلاح المقربين إلى الله.

(2) قلت حبّذا هو.

(3) أطرحته.

المنظر الثالث

البندقية- ساحة عامة

شيلوخ: ثلاثة آلاف دوقي - حسن بسن.

باسانيو: أجل يا سيدي لثلاثة أشهر.

شيلوخ: لثلاثة أشهر. حسن بسن.

باسانيو: بصكّ على أنطونيو كما أنبأتك.

شيلوخ: بصكّ على أنطونيو. حسن بسن.

باسانيو: أأعتمد عليك، أتسعفني [1] ما جوابك؟

شيلوخ: ثلاثة آلاف دوقي، ثلاثة أشهر، بصكّ على أنطونيو.

باسانيو: ما قولك في هذا؟

شيلوخ: أنطونيو كفء [2] لهذا القدر.

باسانيو: أعندك ريب!

____

(1) تقضي حاجتي.
(2) في الاصطلاح المالي قادر على الدفع.

شيلوخ: لا لا. إذا قلت أنه كفؤ فالمعنى أنه قادر على الوفاء. سوى أن مملوكاته ليست بثابتة. له سفينة في طريق طرابلس وثانية في طريق الهند وسمعت عن ثالثة تيمّم[1] المكسيك ورابعة تنحو نحو إنجلترا وعن سفن أُخر متوزعة في آفاق أُخر. غير أن المراكب ليست إلا خُشُباً والملّاحين ليسوا إلا أناساً.

دع أخطار الأمواج والأرياح والصخور- إلا أن الرّجل كفؤ للوفاء- ثلاثة آلاف دوقي- أظن أنني أستطيع قبول صكّه.

باسانيو: تستطيع ولا شكّ.

شيلوخ: سأنظر فيما إذا كنت قادراً وأفكّر في الأمر قبل البتّ فيه. أيتسنى لي أن أكلّم أنطونيو؟

باسانيو: إن أحببت تناول العشاء معنا.

شيلوخ: نعم لتشمَّ مني ريح الخنزير وليدخل في جوفي ذلك الحيوان الذي دعا عليه نبيّكم الناصري فأسكن فيه الشيطان. حباً لكم إن تكن بيني وبينكم مبايعة أو مشاراة أو محادثة أو مماشاة إلخ؛ أما المؤاكلة والمشاربة والمشاركة في الصلاة فلا.

- ما أخبار التجارة في المصفق؟[2]

- من القادم؟

(يدخل أنطونيو)

____

(1) تقصد قصد المكسيك.

(2) البورصة.

باسانيو: السنيور أنطونيو.

شيلوخ (منفرداً): ما أظهر الرفض على وجهه المرائي بالتقوى. أبغضه لأنه نصراني وخصوصاً لأنّه جاهل أبله يقرض المال بلا ربح ويسقط قيمة النقد في البندقية. لئن أخذت بتلابيبه يوماً لقد شفيت حزازاتي القديمة منه. هو يبغض أمّتنا المقدّسة ويسخر حتى في المصفق الذي يجتمع فيه التّجار عادة مني ومن معاملاتي ومن أرباحي المحلّلة التي ينعتها بالربوية: لعنت عشيرتي إن كنت غافراً لهذه الذنوب.

باسانيو: أسمعت ما أقول؟

شيلوخ: كنت أحسب ما بين يديَّ من النقود ويخيل إليَّ إن صدقت ذاكرتي، أنني لا أستطيع في الحال تجهيز ثلاثة آلاف دوقي كاملة. بل يخطر لي أن طوبال وهو من أغنياء قومي يجيبني إلى ما أطلب. لكن مهلاً؛ إلى أيّ أجل (مخاطباً أنطونيو) عم صباحاً يا سيدي كنا في ذكراك.

أنطونيو: شيلوخ. إنني على كوني لا أقرض ولا أقترض بربح أجدني مضطراً إلى مخالفة مألوفي قضاء لحاجة صديقي؛ (إلى باسانيو) أيعلم المقدار الذي تطلبه؟

شيلوخ: نعم نعم ثلاثة آلاف دوقي.

أنطونيو: لثلاثة أشهر.

شيلوخ: كنت قد نسيت لثلاثة أشهر كما قلت آنفاً. بصكّ منك. حسن بسن. لننظر قليلاً. لكن أما سمعت أنك لا تأخذ ولا تعطي بالفائدة؟

أنطونيو: بلى والحقّ ما سمعت.

شيلوخ: عندما كان يعقوب يرعى سائمة[1] عمّه لابان، ويعقوب هذا بفضل أمّه الحكيمة هو الثالث من نسل سيدنا إبراهيم...

أنطونيو: علام تستشهد به أفتزعم أنه كان يقرض بالرّبا؟

شيلوخ: لا لم يكن مقرضاً بالرّبا. لم يكن ذلك ما يفعله بحصر المعنى وإنما كان المتفق عليه بينه وبين لابان أن كل الخراف التي تنتج معلّمة بلونين تجعل أجراً ليعقوب. فلمّا كان آخر الخريف وحالت النعاج فالتمست ذكورها خطر لراعيها الفطن أن يقتطع قضباناً يعرّيها من قشورها ويضعها تجاه النّعاج وقت ضرابها فنجم من رؤيتها أن النّعاج نتجت حملاناً مخططة الجلود بلونين وهذه الحملان حقّت ليعقوب. فهذه وسيلة من وسائل الكسب بارك الله ليعقوب فيها. وكل ربح، ما لم يجيء من السّرقة، فهو حلال.

أنطونيو: كان يعقوب يخدم على كراء[2] لا يسعه استزادته ولا الانتقاص منه إلا ما يشاء الله وما لا يستطيعه أحد سواه. أفتعدّ هذا مثلاً مبيحاً للربا؟ وهل ذهبك وفضّتك نعاج وكباش!

شيلوخ: ما أدري ولكنني أستنتجها بمثل تلك السرعة. تنبه لهذا يا سيدي.

أنطونيو: وأنت يا باسانيو تفطن أن الشّيطان يستطيع الاستشهاد بالتوراة

______

(1) مواشي.
(2) أجر.

34

لتصويب أعماله فما مثل النفس الشريرة التي تجيء بتلك الاستشهادات الصالحة إلا مثل المجرم الذي يبتسم أو الثمرة النَّاضرة التي لبّها متعفِّن. ما أكثر الظواهر الخادعة التي تشبّه الرذيلة بالفضيلة.

شيلوخ: ثلاثة آلاف دوقي؛ مقدارٌ جسام[1] ثلاثة آلاف في إثني عشر؟ لننظر ما تكون فائدتها.

أنطونيو: مهما تكن.. أفتقضي حاجتنا؟

شيلوخ: يا سنيور أنطونيو طالما صادفتني في مصفق الريالتو[2] فسخرت من أعمالي المالية ومن مراباتي فلم أقابل ذلك إلا برفع الكتفين وجميل الصّبر لأن الألم هو إحدى الآفات التي خُصّت بها أمّتنا، وطالما نعتني بالكافر أو الكلب الكلِب وبصقت على عباءتي التي يعرف منها الناس يهوديتي كأنك تعيبني لاستعمالي ما هو ملكي. أما الآن فيظهر أنك بحاجة إليَّ «شيلوخ نريد منك نقوداً» من يقول لي هذا؟ أنت يا من ينفث في لحيتي لعابه ويطردني من حضرته ركلاً[3] كما يطرد الكلب الأجنبي من عتبة البيت. تطلب مني مالاً فبم ينبغي أن أجيب: أيحرز الكلب نقوداً. أيعقل أن كلباً يقرض ثلاثة آلاف دوقي. أم يتعيّن عليَّ أن أخرَّ إلى الذَّقن وأن أردّ عليك بصوت خافت وقلب خاشع «يا مولاي الجميل يوم الأربعاء المنصرم بصقت في وجهي ويوماً قبله طردتني ضرباً برجليك ويوماً قبله دعوتني بكلب، فقياماً مني بحق تلك المكارم كلها سأقرضك نقوداً».

أنطونيو: من المحتمل أنك ستجدني مسمّياً لك بتلك الأسماء أو باصقاً في وجهك أو طارداً إيّاك برجلي فإن كنت راغباً في إقراضنا المال فلست دائناً به أصدقاء وأنى للصّداقة أن تتولد من حيث لا رحم؟ أنت تقرض عدواً فإذا أبطأ عن الإيفاء في الأجل كنت في حل من تخريط[1] القانون عليه بكل قوّته.

شيلوخ: أنظر كيف تستشاط. أريد أن أكون صديقاً لك وأن أحصل على عطفك وأن أنسى إزدراءك إياي وأن أقضي حاجتك الرّاهنة بلا تقاضي فائدة ما وأنت تأبى سماع ما أعرضه عليك من جميل العرض.

أنطونيو: لو فعلت لبالغت في الإجمال.

شيلوخ: سأثبت لك مجاملتي. لنذهب إلى محرر عقود فتخطّ الصكّ لديه ومن باب المزاح سأستكتبك إقراراً بانك إذا لم تدفع زهاء[2] ذلك الخط في يوم كذا بمكان كذا توجّب لي عليك اقتطاع لبرة من لحمك في المكان الذي أختاره من جسمك.

أنطونيو: أوافق بارتياح على هذا الاقتراح وسأوقّع على الصك محرراً بهذا النص شاكراً لك هذه المجاملة اليهودية.

باسانيو: لن تخطّ خطاً كهذا لأجلي أبد الدهر.

أنطونيو: لا تخش بأساً يا صفي سأقوم بعهدي فبعد شهرين أي قبل الأجل بشهر تردني أوساق بثلاثة أضعاف هذا القدر.

---

(1) تسليط.

(2) الزهاء هو المقدار أو ما يسمونه بالمبلغ

شيلوخ: يا أبانا أبراهام[1] هؤلاء النصارى عجب أمرهم. ساءت فعالهم فقبحت بالناس ظنونهم. أنت مخبري ماذا أكسب من إنفاذ هذا الشرط إذا لم يف المدين بما عليه. للرطلُ من لحم رجل أقل قيمة من رطل الضأن أو البقر أو الماعز. إنما أفعل هذا توسّلاً به إلى مودّته فإن رضي فيها ونعمت وإلا فأستودعكم الله راجياً ألا تبتغوني بشرّ من حيث أردت لكم الخير.

أنطونيو: أجل شيلوخ سأوقّع على هذا الصك.

شيلوخ: فتفضل وانتظرني لدى محرّر العقود وقل له أن يخط هذا الشرط المضحك. أما أنا فأمضي لجلب الدوقيات وإلقاء نظرة في بيتي الذي يحرسه ماهن[2] مكسال لا ينبغي لرب البيت أن يستنيم[3] لهمته ثم أدرككم.

(يخرج)

---

(1) من أسماء إبراهيم.

(2) خادم.

(3) يطمئن.

الفصل الثّاني

المنظر الأول

بلمنت- قسم في قصر بُرسيا

(يدخل أمير مراكش مع أتباعه وبُرسيا مع أتباعها ونريسا
(معازف)

الأمير: لا تنفري من سمرة أديمي[1] فإنّها مسحة من جوار الشمس لي في مسقط رأسي. على أنك لو جئتني بأبهى رجل من أهل هذه الأقاليم الشمالية التي لا تكاد أشعّة النهار تذيب صقيعها[2] لواقفته موقف الفصاد[3] وأشهدتك من منّا دمه أشد احمراراً. ثم اعلمي يا سيدتي أن رؤيتي طالما أرعدت الشجعان كما أنّها وحبك طالما كانت قيد الأوابد[4]

____

(1) جلدي.
(2) الثلج المتجمد.
(3) كناية عن الصراع يجري فيه الدم.
(4) مؤنسة للنافرات من النساء.

من الحسان في أوانس بلادي. ولئن حداني[1] شيء على التّبدل بلون مشرق من لوني القاتم لما كان إلا ابتغائي رضاك يا مليكتي.

بُرسيا: لن أجعل إيثاري[2] قائمًا على ما تشهد به عيناي وأنا في عهد طفولتي واغتراري بل أنا تبعة لحكم القرعة دون اختياري ولولا أنّني مقيّدة بهذا القيد الذي إنما جُعلت به زوجاً للموفّق في فطنته لما كان بين الخطّاب الذين رأيتهم واحد أولى منك بعطفي.

الأمير: هذا كثير وأشكره لك.. ثم أستزيدك جميلاً أن تدلّيني على موضع تلك الصناديق فأتبيّن بختي. حلفت بهذا الحسام الذي قتلت به صوفياً[3] وصرعت أميراً أعجمياً وأحرزت النّصر العزيز في ثلاث وعكات[4] جرت بيني وبين السّلطان سليمان لو اقتضاني غرامي أن أردَّ كل سامي الطّرف[5] ناكس البصر أو أن أكافح كل قرم[6] عنيد قهّار شديد، بل لو سامني[7] انتزاع رضيع الوحش الضّاري عن ضرع أمه أو مناوأة الضيغم الهصور[8] وقد استفزّه القرم[9] لفعلت طمعاً في الظّفر بك لكنه وا حربا أمر منوط بالمقادير. والمقادير ربما سدّدت سهم الضعيف وأطاشت سهم القدير. وربما أدنت حظ الآجر وأعلت حظ الأجير. فههنا مجال المكره لا

<hr>

(1) حملني على.

(2) تفضيلي واحدا على آخر

(3) رجلا من اتباع الطريقة الصوفية.

(4) معارك.

(5) الذي ينظر من عال.

(6) أن أحارب كل بطل.

(7) كلّفني

(8) مقاتلة الأسد.

(9) الجوع.

البطل وإني لأخشى أن أفشل حيث يفوز من هو دوني فأموت بشجوني.

بُرسيا: أمامك إثنان لا ثالث لهما، إما أن تعدل وإمّا أن تصيب ما يقضي به لك الصندوق الذي تعيّنه: هذا بعد أن تقسم على أنك إن أخفقت لم تتخذ لك زوجاً بقيّة عمرك: تفكّر ثم تخيّر.

الأمير: رضيت بهذين الشرطين. لنمضِ فأعلم ما يقضي به طالعي.

بُرسيا: بل نذهب أولاً إلى حيث تحلف يمين الموافقة وبعد العشاء تشرع في الخيرة.

الأمير: أسأل الله إنجاح قصدي فإنّي بعد هذا الاقتراع إما أسعد الخلق وإما أتعسهم.

المنظر الثاني

البندقية- جادة

(يدخل لنسلو جوبو)

لنسلو: ضميري يحتّم عليّ أن أترك خدمة اليهودي مولاي. والشّيطان على مقربة مني يخادعني بقوله جوبو، لنسلو، لنسلو، يا صديقي لنسلو أو يا صديقي جوبو، أو يا صفيي لنسلو جوبو، أعمل فخذيك وانج بنفسك. ثم يقول لي ضميري: حذار يا لنسلو النّزيه حذار. يا جوبو المستقيم أو كما كنت أقول آنفاً أيّها النّزيه لنسلو جوبو لا تبرح وترفّع عن إجهاد فخذيك في الهزيمة. إلا أنه، أي الشّيطان، لا يلبث أن يعيد عليَّ نصيحته بالارتحال متشدداً فيها مهيباً⁽¹⁾ لي: «أقلع. تشجّع. انجُ بنفسك». عندئذ يعلق ضميري برقبة فؤادي ويقول لي عن حكمة: «يا صديقي لنسلو القويم ابن الرّجل المستقيم وابن المرأة المستقيمة»، ذلك أن والدي كان يذوق الثمرة التي بين يديه ولا يخلو من سلامة في الذوق. عندئذ يقول ضميري: «إلبث لنسلو»، فيقول الشّيطان: «فراراً»، فيقول الضّمير: «إيّاك»، فأقول لأحدهما: «يا ضميري حسنت نصيحتك»، ثم أقول

---

(٦) قائلًا لي.

41

للآخر: «أيّها الشّيطان أين الصّواب في مشورتك».

لو جاريت الضّمير لأقمت مع اليهودي الذي هو – أستغفر الله – ضرب[1] من الشّيطان، ولو فارقت اليهودي لأصبح زمامي في يد الشّيطان الذي هو – لا مؤاخذة – الشّيطان بعينه أو هذا اليهودي. إنما الشّيطان هو الذي ينصح لي نصيحة الصّداقة.

سأفرّ سأفرّ. أمرك مطاع أيها الشّيطان.

(يدخل جوبو العجوز حاملاً سلالاً)

جوبو: يا سيّدي الفتى أين الطّريق التي توصل إلى بيت اليهودي؟

لنسلو (منفرداً): يا الله هذا أبي والدي بالحلال ولم يعرفني لشدّة حسره[2] سأختبره اختبار مداعبة.

جوبو: يا سيدي الفتى أين الطريق التي توصل إلى بيت اليهودي؟

لنسلو: عندما تصل إلى العطفة الأولى تحيد يميناً فإذا بلغت العطفة الثانية تحيد شمالاً، ثم تدرك العطفة الثالثة فهناك لا تحيد إلى جهة من الجهات وتتجه بانحراف إلى بيت اليهودي.

جوبو: يا فيض الله هذه طريق لا تسهل معرفتها. أأنت مخبري إن كان الفتى المقيم معه – واسمه لنسلو – مقيماً معه أم لا؟

لنسلو: أتسأل عن مسيو لنسلو الأصغر (منفرداً) تأمّلوا فيَّ الآن سأستدرّ المياه – أتسأل عن مسيو لنسلو الفتى؟

---

(1) نوع.

(2) قصر نظره.

جوبو: لا يا سيدي ولكن عن ابن رجل فقير أنا أبوه- وإن كنت أنا مدّعي هذه الدعوى- رجل مستقيم معسر مدقع لكنه بحمد الله حسن السّيرة والأخلاق.

لنسلو: لا يهمّنا أبوه كائناً من كان وإنما نتكلم عن لنسلو الأصغر.

جوبو: أجل بإذنك نتكلم على لنسلو.

لنسلو: لا تتكلم على لنسلو أيها الشيخ بعد الآن فإن ذلك الشاب قد أذن به الدّهر أو القدر أو أي مسمى آخر بأسماء الصّروف الصّارمة لحبال الآجال من علمية وغير علمية فمات موتاً أو بعبارة أشيع في العامة ذهب إلى السماء.

جوبو: أعفاني الله من هذا المصاب فالفتى هو سندي، وحيدي، عكّاز شيخوختي.

لنسلو: أظاهرٌ عليَّ أنني أشبه عصاً أو هراوة أو دعـامة خيمة. أتبيّنتني يا أبي؟

جوبو: لا يا سيدي الفتى، لكن أرجو أن تقول ولدي (يرحمه الله) حيّ أم ميت.

لنسلو: ألم تعرفني يا أبتِ؟

جوبو: أسفا يا سيدي إن نظري ضعيف ولم أتبينك.

لنسلو: لو كان بصرك سليماً لما عرفتني، ومن هو في الآباء ذلك الفطن الذي يعرف ابنه. أيها الشيخ سأعلمك بأنباء نجلك. باركني (يجثو)

ينبغي أن يبرح الخفاء. القتل لا يخفى دهراً، ولكن انتساب الولد لأبيه قد يستسر[1] طويلًا ثم تنجلي الحقيقة.

جوبو: أرجو يا سيدي أن تنهض فإني موقن أنك لست بلنسلو ولدي.

لنسلو: لا نتمادَ أكثر في هذا المزاح باركني أنا لنسلو غلامك سابقاً ونجلك الآن وابنك إلى الأبد.

جوبو: لا أصدّق أنك ابني.

لنسلو: لا أدري ما الذي يحسن بي اعتقاده في هذا المعنى، لكنني أنا لنسلو الماهن لدى اليهودي وعلى ثقة لا ريب فيها من أن امرأتك مرغريتا هي أمي.

جوبو: إسمها في الحقيقة مرغريتا غير أنني لم أكن لأقسم أنك لنسلو من لحمي ودمي. تبارك الله ما هذه اللّحية التي صار الشّعر فيها أكثر منه في ذنب (دوبين) حصاننا الجرار![2]

لنسلو: إذن شعر دوبين ينمو خلافاً لأنّني في آخر ما رأيته كان الشّعر في ذنبه أكثر منه في ذقني.

جوبو: لقد تغيّرت. كيف حالك مع مولاك، أنا قادم إليه بهديّة، أعلى وفاق أنتما؟

لنسلو: على المرام على المرام. لكنّني أنا قد عزمت على الهزيمة إلى أبعد ما

____

(1) يبقى في الخفاء.
(2) تمييزا له عن الحصان الذي يركب.

أستطيع عن ذلك اليهودي القحّ.[1] أتهاديه؟ أولى لك أن تضع حبلًا في عنقه وتشدّه. أماتني جوعاً وهذه أصابعي تقدر أن تعدها بأضلاعك. يا أبتي أنا مسرور بمجيئك. آثر بهديّتك سيداً يدعى باسانيو فإنه يلبس خادمه خلعاً فاخرة قيّمة فإن لم يتيسّر لي أن يستخدمني هذا السيّد لبثت أفرّ ما دام في الأرض طول وعرض. يا لسعد طالعي ها هو آت بنفسه. كلّمه يا أبي وإلّا فإنّي إذا استمررت تحت أمر اليهودي صرت يهودياً.

(يدخل باسانيو يليه ليوناردو وبعض الخدم)

باسانيو (مخاطباً خادماً): ليكن. قبلت. لكن ينبغي الإسراع ليتسنّى تهيّؤ الطعام الساعة الخامسة. إحرص على إيصال هذه الرسائل. أوصِ بالخِلَع الجديدة. قل لغراتيانو أن يجيئني بعد حين.

لنسلو: كلّمه يا أبي.

جوبو: ليبارك الله في سيادتك.

باسانيو: شكراً جزيلاً. أتبغي مخاطبتي في شيء؟

جوبو: هذا غلامي يا سيدي وهو غلام فقير.

لنسلو: لست فقيراً يا سيدي ولكنني ماهن لدى اليهودي الغنيّ وملتمسي هو ما سيعرضه والدي لسيادتك.

جوبو: هو مريض تشوّقاً لخدمة...

لنسلو: بلا تطويل ولا تقصير أنا في خدمة اليهودي وأتمنّى ما

_____
(1) الخالص.

سيعرضه أبي.

جوبو: ولا يخفى على سيادتكم أنَّ اليهودي وهذا الغلام ليسا بابني عم بمعنى أنه...

لنسلو: بعبارة موجزة: اليهودي أساء التصّرف في حقي وهذا هو السبب في الأمر الذي سيقترحه والدي الذي هو كما أرجو[1] طاعن في السن.

جوبو: أنا حامل إلى سيادتك بضعة أزواجٍ من الحمام هل لك في قبولها والتماسي هو..

لنسلو: الخلاصة أن هذا الطّلب جائز القبول كما سيذكره لسيادتك هذا الشّيخ المستقيم الذي هو فقيرٌ وفوق ذلك هو والدي.

باسانيو: ليتكلم أحدكما عن الآخر. ماذا تريدان؟

لنسلو: ألتمس الدخول في خدمتك يا سنيور.

جوبو: هذا كل ملتمسنا.

باسانيو (إلى لنسلو): أعرفك جيداً وأجيب طلبك. كان شيلوخ يكلّمني عنك في هذا اليوم وسيكون له الفضل في رقيك إن كان من الرقي الانصراف عن خدمة يهودي موسر إلى خدمة شريف معسر.

لنسلو: صدق المثل القديم: لقد تقاسمتما النعمتين أنت وشيلوخ: له الأولى ولك الأخرى.

باسانيو (إلى جوبو) صدقت اتبع غلامك أيها الوالد الصّالح (إلى لنسلو)

____

[1] كلمة سذاجة لا معنى لها قالها الفتى للتطرف.

إذهب فاستأذن مولاك السّالف ثم استفهم عن داري (إلى خدمه) ألبسوه خامة أبهج زينة من خلع رفاقه (يناجي ليوناردو).

لنسلو: يا أبي أصبح الخَرج[1] في الخُرج؛ أنا لا أعرف كيف تلتمس الخدمة ولا كيف يستعمل اللّسان (ناظراً يده) أما يدي فأيّة يد ممتدة للقسم على التوراة في جميع إيطاليا نتشبّه بها. سأكون سعيد الطالع.. لا جرم.. هذا الخطّ يدل على طول البقاء كما أرجو. وهؤلاء، في جانب الزواج، نسوة شائقات لكنهن لسن بكثيرات وماذا تكون خمس عشرة امرأة وإحدى عشرة أيماً وتسع بنات. هل هنَّ زيادة عن الكفاء للرجل المستقيم. هذا عدا عن نجاتي ثلاث مرار من الغرق ومرة من هلكة السّقوط عن حافة فراش من الريش. على أن هذه النجاة الأخيرة ليست بعجيبة ولكنها نجاة. ولئن كانت السّعادة امرأة فلا شك أنها أحسنت عجن المادة التي فتلت لي منها هذه الخيوط. تعال يا أبي سأستأذن اليهودي في طرفة عين.

(يخرج لنسلو وجوبو)

باسانيو (مخاطباً ليوناردو): أتضرّع إليك أيها العزيز ليوناردو تنبّه لهذا ومتى اشتريت تلك الأشياء ورتبتها عد وشيكاً ليتم بك أنسنا الليلة في مجلس شراب سيشهده عندي أكرم أصدقائي. إذهب. بادر.

ليوناردو: سآتي بأحسن ما أستطيع.

(يدخل غراتيانو)

غراتيانو (مخاطباً ليوناردو): أين مولاك؟

____

(١) أي أصبح الأمر المأمول حقيقة.

ليوناردو: ها هو يتمشى هناك.

(يمضي ليوناردو)

غراتيانو (جهراً): سنيور باسانيو.

باسانيو (ملتفتاً): غراتيانو.

غراتيانو: لي اقتراح عليك.

باسانيو: قد أجيب.

غراتيانو: ذلك ما ألحّ به: سأصحبك إلى بلمنت.

باسانيو: إذا أصررت لم أخالف لكن سمعاً يا غراتيانو: من مألوفك أن تتكلم بلا احتراس وتجهر بالصّوت. فهذا ليس بعيب فيما بيننا ولكن ربما لم يحسن حيث تكون مجهولاً – فتكرم ولطف حدة طبعك بأن تضع فيها بعض نقط من الاحتياط والتواضع وإلّا فربما جلبت خطتك عليَّ ما يضر بي في رأي الأناس الذين أقصدهم، بل ربما قوّضت آمالي.

غراتيانو: انصت يا سنيور باسانيو: إذا لم تجدني ثمة معتدلاً في سيري متكلّماً بوداعة ممتنعاً عن ألفاظ الهجر[1] إلا أحيانا ممسكاً بكتب الأدعية والتلاوات الدينية جادّاً في كل مقام جاعلاً في أوان الصلاة قبعتي نصب عينيَّ هكذا. فمتنهداً. فقائلاً آمين مراقباً كل مصطلحات الأدب على نحو ما يفعل اليافع[2] الذي يحاول إرضاء جدّته. إذا لم تجدني فاعلًا كل ما ذكرت فلا كانت لك بي ثقة ولا كان لك عليَّ معوَّل.

---

(1) كلمات البذاءة.
(2) الفتى في أول شبابه.

باسانيو: رضيت وسأرى المنهج الذي تنهجه.

غراتيانو: لكنني أستثني مجلس اللّيلة وما سيجري فيه.

باسانيو: خسارةٌ في مثل هذه اللّيلة أن تفقد طلاقتك بل ينبغي أن ترتدي أحسن أزياء الإبتهاج فيكتمل بك سرور الإخوان أفضل ما كانوا استعداداً لذلك. سأتولى عنك الآن لقضاء بعض الشؤون.

غراتيانو: وأنا أنتظر هنا لورنزو ورفقاءه ثم نجيئك جميعاً في ساعة العشاء.

المنظر الثالث

نفس المدينة- مزارة في بيت شيلوخ

(تدخل جسيكا ولنسلو)

جسيكا: أنا متكدّرة لتركك أبي وستكون لك وحشة في هذا البيت الجهنّمي الذي كنت تؤنسه أحياناً. امض مزوداً خيراً وهذا دوقيٌّ هبة؛ لنسلو سترى لورنزو بين مدعوي سيّدك الجديد للعشاء فاعطهِ هذه الرسالة لكن سرّاً. إذهب. لا ينبغي أن يراني أبي أحدّثك.

لنسلو: وداعاً واليك هذه العبرات بدلاً من العبارات. يا لكِ من وثنيّة ساحرة بل يهودية شائقة لئن لم يكن واحد من هؤلاء النصارى ساعياً مسعاة اللص للفوز بك إني اذن لغرّ. لكن هذه الدّموع قد استغرقت شجاعتي وأذابت صلابتي أستودعك السلامة.

(يخرج)

جسيكا (منفردة): إذهب معافى يا لنسلو. ما أظلمني لأبي بخجلي من إنتسابي إليه لكنني مخالفة له في الطّبع وإن كان الدم واحداً. أي لورنزو اذا صدقت بوعدك فررت إليك من هذا المعترك الأليم

فصبأت[1] عن ديني وبتّ على مذهب قريني.

(تخرج)

____

(1) تحوّلت.

المنظر الرابع

المدينة عينها- جادة

(يدخل غراتيانو، ولورنزو، وسالارينو، وسالانيو)

لورنزو: أجل ستنسلل أثناء الوليمة فنغيّر أزياءنا في داري وبعد ساعة نعود.

غراتيانو: لم نستوف أهبتنا[1].

سالارينو: لم نتكلم بعد عن موكب المشاعل.

سالانيو: بئس الاختراع إلا إذا صفف بإبداع وعندي أن الاستغناء عنه أفضل.

لورنزو: الساعة إنها هي الرابعة الآن. ولدينا فسحة ساعتين لإعداد كل شيء.

(يَقْدِم لنسلو بكتاب)

لورنزو (متمماً): ما أخبارك يا صاحبي لنسلو؟

---

(1) استعدادنا

لنسلو: إن شئت أن تفتح هذا الكتاب علمت.

لورنزو: تبيّنت الخط وهو جميل حررته يد بيضاء أنصع[1] من هذا الطرس.

غراتيانو: الوكة[2] غرام ولا ريب.

(لنسلو متأخراً للانصراف)

لنسلو: بإذنكم يا مولاي.

لورنزو: إلى أين؟

لنسلو: إلى حيث اليهودي مولاي العتيق أدعوه لتناول العشاء عند النصراني مولاي الجديد.

لورنزو (معطياً إياه كيساً): مهلاً خذ هذا. قل للعزيزة جسيكا إنني سآتي في الميقات. قل لها ذلك سرّاً. إنصرف.

(يبتعد لنسلو)

لورنزو (متمماً): أيها السّادة أتريدون أن نتأهب لمهرجان السخرية في هذا المساء. قد تيسر لي حامل مشعل.

سالارينو: سأمضي من فوري.

سالانيو: وأنا أحذو حذوك.

لورنزو: أدركاني وغراتيانو في دار اليهودي بعد ساعة.

____
(1) أشدّ بياضاً
(2) رسالة

سالارينو: لن نتخلّف.

(يبتعد سالارينو وسالانيو)

غراتيانو: ألم يكن الكتاب من جسيكا الجميلة؟

لورنزو: يجب أن أطلعك على كل سر. بعثت تسألني كيف أختطفها من بيت أبيها وكيف تنجو بما ستحمله من الذهب والحجارة الكريمة وتخبرني أنها استصنعت خلعة وصيف لتختفي بها على الرقباء. لو تقبّل الله أباها يوماً في السماء لتمّ له ذلك بشفاعة تلك الكريمة الحسناء ولو استجاز مصاب أن يعترض سبيلها لما ترخّص[1] لذلك إلا من كونها ابنة يهودي بلا إيمان. هلمّ بنا واقرأ هذه في الطريق. ستكون جسيكا حاملة مشعلي.

(يخرجان)

المنظر الخامس

البندقية- أمام بيت شيلوخ

(شيلوخ ولنسلو)

شيلوخ: سترى عما قليل بعينك سعة الفرق بين شيلوخ العجوز وباسانيو (يدعو) جسيكا. لن تأكل الحلوى بشراهة كما كنت تحلولي[1] عندي. جسيكا. لن تقضي معظم وقتك في النّوم والغطيط وتمزيق ثيابك. جسيكا أتحضرين.

لنسلو (منادياً): ا جسيكا.[2]

شيلوخ: من كلفك أن تدعوها؟

لنسلو: طالما وبختني لأنني لا أصنع شيئاً إلا بأمر.

(تجيء جسيكا)

جسيكا: أتدعوني، ماذا تريد مني؟

شيلوخ: سأتعشّى اليوم خارجاً يا جسيكا. هذه مفاتيحي. لكن علام أذهب؟ لم يدعوني عن حب- مأربٌ لا حفاوة- بل أذهب انتقاماً منهم

---

(1) تذوق الحلوى.
(2) حرف ا هو هنا حرف نداء.

لآكل من نفقة ذلك النصراني المسرف. بنيّتي جسيكا راقبي الدار. سأتغيّب برغمي خائفاً من كيدٍ يكاد لي لأنني رأيت أكياس فضة في منامي أمس.

لنسلو: أضرع إليك يا سيدي أن تذهب فإن مولاي الجديد قد عوّل على وعدك.

شيلوخ: وأنا معوّل على وعده كذلك.

لنسلو: ولقد أضمروا شيئاً لهذه الليلة وأسرّوا النجوى فيما بينهم. لن أبوح بما أخفوه لكنك إذا رأيت الليلة مهرجان[1] أناس متنكّرين لم يكن ذلك الآن مصداقا لرعاف أنفي يوم الإثنين المنصرم المعروف في التاريخ باليوم الأسود في السّاعة السادسة صباحاً على حين أنّ الرعاف الذي جرى لي قبله إنما كان في يوم أربعاء الرماد[2] نحو الأصيل.

شيلوخ: سيتنكّرون؟[3] إسمعي يا جسيكا. غلّقي الأبواب بإحكام وإذا سمعت طبلاً وزمراً نزاز النغم حذار أن تذهبي إلى الكوّة[4] وأن تطلّي بوجهك على الجمهور لتري الوجوه المستعارة التي يطوف بها أولئك النصارى البلهاء. أقفلي آذان داري (النّوافذ) ولا تصل غوغاة أولئك المجانين إلى بيتي السّاكن الأمين. قسماً بعصا يعقوب إنني ذاهبٌ في هذا المساء إلى تلك الوليمة بكرهي وبلا أدنى رغبة مني لكنني سأذهب (إلى لنسلو) إسبقني وقل إنني قادم.

____

(1) حفلة فرح.
(2) اسم يوم معلوم عند المسيحيين.
(3) يلبسون ملابس تخفي بها وجوههم على عارفيها.
(4) النافذة.

لنسلو: سأسبق يا سيدي (بصوت منخفض لجسيكا) لا يمنعك هذا من التطلّع فربما جاءك موعود نصراني خليق بمودة كرائم اليهود.

(ينصرف)

شيلوخ: ماذا يقول هذا الغر من نسل هاجر؟

جسيكا: قال وداعاً يا مخدومتي ولم يزد.

شيلوخ: غلام لا بأس به. لكنه أكول نهم[1] بطيء في العمل نؤوم[2] كالسنور البري. أنا لا أحب الزنابير في خليّتي ولهذا طبت[3] عنه نفساً لغيري فليعن مولاه الجديد على إنفاق المال الذي أقرضته إياه بسرعة. عودي يا جسيكا ولعلي لا ألبث أن أرجع. إفعلي ما أوصيتك به. غلّقي الأبواب. من احتبس، لم يحترس[4] هذا مثل دائم الحضور في ذهن المقتصد.[5]

(يبتعد)

جسيكا: أستودعك الله ولئن تحقق ما نويت لقد فقدت أبي وفقدت أنت ابنتك.

(تبتعد)

---

(1) شره.
(2) كثير النوم.
(3) تركته.
(4) احترس للمجهول معناه اختلس له شيء.
(5) الحكيم المتدبّر.

المنظر السادس

عين المكان

(يدخل غراتيانو وسالارينو متنكرين)

غراتيانو: هذا هو الرواق الذي أوعز إلينا لورنزو أن ننتظره في فيئه.

سالارينو: مضت السّاعة أو كادت.

غراتيانو: عجيب أن يتباطأ وما هذا شأن العاشقين.

سالارينو: من عادة حمائم الزهرة[1] أن يطرن إلى عقد مودّات جديدة بأسرع مراراً مما يجثمن للبقاء على مودّة قديمة.

غراتيانو: ستكون الحال أبداً هكذا؛ أيّ الضيوف وقد فارق المائدة تكون شهوته للطعام كما كانت حين جلوسه إليها. أيُّ جوادٍ إذا أراد في الطريق الوعرة التي جازها من قبل لا يتباطأ في الرّجوع. في كل أمور هذه الدنيا نحن أنشط حين نسعى للمطلوب منا حين نتمتع به. أنظر إلى الفُلك إذ تفارق مرفأها الأصلي فراق الولد الشّاطر لبيت أبيه فتنتشر رايتها الزاهية الألوان يداعبها الهواء دعاب الهوى ثم أنظر إليها إذ تعود عود

____

(1) آلهة الجمال عند اليونان.

58

ذلك الولد الشّاطر ملويّة الأضلاع ممزقة الشّراع مهدّمة الجوانب بفعل النسيم الفاسق.

(يجيء لورنزو)

هذا لورنزو: سنستأنف الكلام في هذا.

لورنزو: يا أصدقائي الأعزاء اغفروا لي إبطائي المملّ فإنما أعمالي التي سببته وإنّي لأعدكم بأن أنتظركم ما شئت حين يخطر لكم أن تختطفوا عرائس (يتقدم) هذا بيت اليهودي نسيبي. هيا![1] أأحد هنا؟

جسيكا (بملابس الوصيف تنظر من النافذة): من أنت؟ تسمَّ لأزداد طمأنينة وإن عرفت الصوت.

لورنزو: حبيبك لورنزو.

جسيكا: لورنزو محقق، حبيبي بلا ريب، ألي عندك من الهوى ما لك عندي؟

لورنزو: السّماء وقلبك يشهدان بصدق غرامي.

جسيكا (ملقية صندوقاً): تناول هذا الصندوق. فيه ما يستحق هذا العناء. أنا فرحة بأن الوقت ليل وأنك لا تستطيع رؤيتي لأنني خجلة من تنكّري بهذا الملبس. إنما الغرام أعمى وليس للمتحابين أن يروا هم آثار جنونهم إذ لو قدروا على استجلاء الحقيقة لخجل الغرام بنفسه من تشكّلي بهذا الشكل.

____

(1) حرف نداء.

لورنزو: إنزلي فقد جعلتك حاملة مشعلي.

جسيكا: ما تقول؟ أبيدي أحمل النّور الذي يكشف فضيحتي على كونها أجدر بالإخفاء لشدة وضوحها. لا بدّ لي من الاستتار.

لورنزو: حسبك استاراً يا حبيبتي في ثوب الوصيف. أسرعي لأن اللّيل يتقدّم ونحن منتظرون في وليمة باسانيو.

جسيكا: سأقفل الأبواب وأجلب ما أستطيعه من الدوقيات.

(تتوارى من النافذة)

غراتيانو: حلفت بقبعتي إنها لطيفة وليست يهودية.

لورنزو: أقسم لكم أنّني أحبها بكل جوارحي لأنها حصيفة متبصّرة- على ما أستخلص- ولأنّها جميلة- على ما أرى- ولأنّها مخلصة- على ما تبيّنت- فبالنّظر إلى كونها فتاة عاقلة طاهرة حسناء قد أقررت منزلتها في قلبي مدى العمر (تحضر جسيكا) سرعان ما حضرتِ. لننصرف يا سادة. إنّ إخواننا المتنكرين ينتظروننا.

(يذهبون إلا غراتيانو ويحضر أنطونيو)

أنطونيو: من الشخص؟

غراتيانو: ألست السنيور أنطونيو؟

أنطونيو: أف يا غراتيانو أين الآخرون. السّاعة التاسعة. وأصدقاؤنا في الإنتظار. ستتلف زينة الليلة لأن العواصف هبّت وباسانيو مبحر بعد هنيهة وقد أرسلت عشرين نفساً في طلبكم.

غراتيانو: حبّذا ما تبشّرني به فلا شيء أحبُّ إليَّ من الإقلاع ولو في مثل هذا الليل.

(ينصرفان)

المنظر السابع

بلمنت- مزارة في قصر بُرسيا

(صوت معازف. تدخل بُرسيا وأمير مراكش وتبعهما)

بُرسيا: لترفع هذه الستارة وليدلل هذا الأمير النّبيل على الصناديق الثلاثة.

(يرفع الحجاب وتظهر الصّناديق، أحدها ذهب والثاني فضة والثالث رصاص)

الآن تخيّر.

الأمير (متأمّلاً): الأول من ذهب ومكتوب عليه:

من اصطفاني فقدماً   تمنت الناس وصلي

الثاني من فضة ومكتوب عليه:

من انتقاني فإنّي   أهلٌ له وهو أهلي

الثالث من رصاص ومكتوب عليه:

من ابتغاني فاعزز   بما يهين لأجلي

كيف أعلم أنني أحسنت الإختيار؟

بُرسيا: أيها الأمير في أحد هذه الصناديق رسمي فإن اهتديت إلى الصندوق الذي هو فيه فإني لك.

الأمير: لينطقني الله بالصواب. سأعيد قراءة هذه الأبيات المنقوشة بادئاً من أخيرها:

من ابتغاني فاعزز   بما يهين لأجلي

علامَ المجازفةُ بكل شيءٍ: أَللحصول على رصاص؟ هذا الصّندوق مشؤوم الطالع. الرجل الذي يُخاطر بكل شيء جدير بأن يتطلب من وراء ذلك فوائد وافية. النّفس العالية لا تتدانى لالتماس مثل هذه المادة المستخةة[1]. ماذا يقول صندوق الفضة:

من انتقاني فإني   أهلٌ له وهو أهلي

قف قليلاً يا أمير مراكش. زن قيمتك وزن إنصاف. لو رجعت في الحكم إلى ما تقوّم به نفسك لأغليت. ولكنك مهما تغالِ وتكن على حق فربما لم تكن بالغاً من القدر ما يؤهّلك لهذه الغيداء[2]؛ على أنني لو نظرت من جهة أخرى لما جاز لي الارتياب في قدري ولا الازراء على نفسي. ما استحق؟ أنا كفوءٌ لهذه الحسناء بمحتدي[3] وبجاهي وبجمال ملامحي وبأدبي وخصوصاً بحبّي لعلّ الهدى في وقوفي ههنا؟ بل لنقرأ ما على صندوق الذهب:

---

(1) القليلة القيمة
(2) ذات العنق الجميل
(3) بأصلي.

63

من اصطفاني فقدماً   تمنت الناس وصلي

معناه أن كل إنسان يتمنى ربّة هذا القصر وأن الخطّاب من كل أطراف الدنيا يسعون لتقبيل الوعاء المشتمل على هذه الحورية الدنيوية. فمن جهة قد تحوّلت فدافد[1] أركانيا وفيافي[2] بلاد العرب إلى مسالك يسلكها الأمراء قادمين من كل صوب لمشاهدة جمال بُرسيا ومن جهة ثانية قد أصبحت مملكة لقاء التي تشمخ بأمواجها إلى السماء غير مانعة من توافد الأجانب يجوزونها كما تجاز الأنهار الصغرى ليشاهدوا جمال بُرسيا. في أحد هذه الصناديق الثلاثة رسمها المعشوق. أيحتمل كونه في صندوق الرصاص؟ من الإثم هذا الظنّ. وذلك الجسم لا يليق أن يوضع حتى بعد الوفاة في مثل هذا المعدن الحقير. أفيكون الرسم إذاً في الفضة وقيمة الفضة أقل عشرة أضعاف من قيمة الذهب الخالص. وهل يعقل أن توضع لؤلؤة غالية هذا الغلاء في شيء أدنى من الذهب؟ توجد في إنجلتره سكة[3] مصور عليها ملك[4] ولكن الملك على ظاهرها، أما ههنا فالملك في ضمن مهد من الذهب. أعطوني المفتاح قد استخرت الله.

بُرسيا: هذا مفتاحه يا أمير فإن كان رسمي فيه فإني جاريتك.

الأمير (بعد فتح صندوق الذهب) يا للّعنة ماذا أرى: هيكل ميت وفي عينه الفارغة قرطاس. لنقرأ ما في القرطاس:

قل كائناً من كنت عن ثقةٍ   ما كل برّاق من الذهب

(1) صحارى.

(2) براري.

(3) نقد.

(4) يريد أحد الملائكة لا الملوك.

عظة هي الكنز النّفيس فلا   بدع إذا ثبتت على الحقب

لو كان رأيك غير مختلط   في حين شعرك غير مختضب

ما عدت هذا العود في ندم   وبمثل هذا الرد لم تجب

(بعد قراءة الأشعار يقول متمماً) لقد أضعت وقتي. وداعاً أيها الغرام المحرق سلام عليك أيّها القلب الذي لا يكترث. لقد أثخنت جراحي يا بُرسيا ولكن لا أطيل العتاب بل أنصرف كما يليق بمن قامر فخسر.

(يخرج)

بُرسيا: لقد نجونا منه والحمد لله. أسدلوا الأستار ولا كان اختيار مشاكليه في اللّون إلا كاختياره.

(تخرجان)

المنظر الثامن

البندقية- جادة

(يدخل سالارينو وسالانيو)

سالارينو: أيها الصفي سالانيو رأيت باسانيو مقلعاً يصحبه غراتيانو وأنا موقن أن لورنزو لم يكن في سفينتهما.

سالانيو: ذلك اليهودي الفاجر أيقظ الدوج بصخبه وصراخه فذهب إلى سفينة باسانيو وفتّش فيها.

سالارينو: جاء بعد أن أقلع المركب لكنه سمع أن لورنزو وعشيقته جسيكا شوهدا معاً في زورق وأكّد له أنطونيو تأكيداً لا يحتمل الريب أنهما لم يكونا في سفينة باسانيو.

سالانيو: لم أر قط سخطاً أشدّ التباساً وغرابةً وجنوناً من سخط ذلك اليهودي السّافل الذي كان يطوف الأسواق منتحباً صائحاً: «بنتي. دوقياتي. وا بنيتا. فرّت مع مسيحي. وا دنانيري المتنصّرة.[1] الإنصاف باسم القانون- دوقياتي بنتي- كيس بل كيسان من الدوقيات فرادى ومزدوجات اختلستها سليلتي واحترست[2] بجانبها مصوغات جّمة

---

(1) التي صارت نصرانية.
(2) سرقت.

وألماستين نادرتين ثمينتين. ذلك سرقته ابنتي وكل ذلك معها الآن».

سالارينو: الأدهى أن صبية البندقية يتعقّبونه صائحين: «ألماساتي. بنتي. دوقياتي».

سالانيو: أخشى أن يتأخر أنطونيو عن الوفاء في الأجل فيغرم قيم هذه المسروقات كلها.

سالارينو: ذكرتني- حين ينفع التّذكير- أمراً سمعته أمس من أحد الفرنسيس وهو أن مركباً من مراكب بلدنا مشحوناً شحناً غالياً قد ارتطم[1] في المضيق الذي بين فرنسا وإنجلتره فلمّا طرق أذني الخبر فطنت لأنطونيو وتمنّيت سراً إلا يكون ذلك الموسوق من مراكبه.

سالانيو: ما أجدرك أن تبلغ أنطونيو ما سمعته ولكن مع المراعاة التي تلطف موقع الخبر من نفسه.

سالارينو: ما من رجل في العالمين أصدق وداداً من أنطونيو. حضرت وداعه لباسانيو وسمعته يقول له: «لا تعجل عودتك كما تقول، ولا تهمل شؤونك من أجلي بل أمكث ما دعت الحال. أما صكّ اليهودي فلا تخطره على بالك ولا يشغلك عن غرامك. كن فرحاً واقصر همك على إرضاء من تحب بأجمل ما تستصلح من الأساليب»، وبعد ذلك صافحه بقوة ممتنعاً من النظر اليه لأن عينيه كانتا مغرورقتين بالدموع ثم تفارقا.

---

(1) اصطدم وتلف.

سالانيو: أعتقد أنّه إنما يعيش لخدمة صديقه. لنذهب إليه فنحاول بما في وسعنا من الوسائل أن نخفّف من تلك الكآبة التي لا تفارقه.

سالانيو: هلم هلم.

(يخرجان)

المنظر التاسع

بلمنت- مزارة في قصر بُرسيا

(تدخل نريسا يتبعها خادم)

نريسا: أرجو أن تسرع بإماطة الحجاب فقد حلف أمير أراغون يمين الموافقة على الشرط وسيحضر عمّا قليل للتخيّر (صوت أبواق).

(يدخل أمير أراغون وبُرسيا وحشمهما)

بُرسيا: هذه هي الصّناديق أيها الأمير النّابه إذا اخترت منها ما فيه رسمي عقد لك عليَّ فوراً وإن أخطأته كان عليك يا مولاي أن تنصرف من هذه الديار دون أن تنبس ببنت شفة.[1]

الأمير: القسم يقتضي ثلاثة شروط: أوّلها ألا أخبر أحداً بالصندوق الذي وقع عليه اختياري، وثانيها إذا لم أضع يدي على الصندوق الرابح أن أمتنع من الزواج بتاتاً بعد ذلك، وثالثها إن لم أوفق لما جئت في التماسه أن أعود أدراجي من ساعتي بلا اعتراض.

بُرسيا: هذه هي الشروط.

الأمير: أنا مستعد لها فاسعدني أيها البخت وحقق آمالي منعماً. أمامي

---

(1) تنطق بكلمة.

الذهب والفضة والرصاص ماذا يقول الرصاص:

من ابتغاني فاعزز

بما يهين لأجلي

شكلك لا يعد بشيء يخاطر عليه. ماذا يقول صندوق الذهب لنقرأ ما هو ذلك الشيء الذي يتمناه الأكثرون. لا نزاع في أنهم يعنون بالأكثرين جمهور العامة الذين تغرّهم الظواهر لاكتفائهم بشهادة النظر عن تبطن السرائر فهم كالخطاف[1] الذي يبني أعشاشه فيما برز من أعالي الجدران فيتعرّض بذلك للطوارىء والآفات. لن أختار ما يشتهيه السواد[2] كراهة مني لمماشاة السوقة والاختلاط بالطغام[3] الجاهلين فإليك الإلتفات أيها الكنز النقيّ أعد عليّ عبارتك المنقوشة

من انتقاني فإنّي

أهلٌ له وهو أهلي

ما أحسن هذا المقال لا ينبغي لأحد أن يخادع القدر ويصيب من العزّ أو الجاه أو القدر ما ليس به جديراً. حبّذا لو كانت الأموال والألقاب والرتب بالكفاءات لا البراطيل إذن لنزعت أعشاب سوء لا تحصى من محصول الكرامات الصحيحة ولأخرجت غلال قيمات من أكداس التبن الذي لا قيمة له. لنرجع إلى شأننا: أحسبني كفوءًا لها. أعطوني مفتاح هذا الصّندوق فأرى ما فيه (يفتح الصندوق).

---

(1) اسم طائر أشبه بالسنونو.
(2) الجمهور.
(3) سفلة الناس.

بُرسيا: الذي وجدته لم يكن حقيقاً بالزمن الذي أضعته فيه.

الأمير: ماذا أرى؟ رسمٌ أبله يقدم لي قرطاساً. أي شيء في هذا القرطاس؟ ما أقل مشاكلة هذا الرّسم لرسم بُرسيا وما أبعد جوابه عما التمسته آمالي. ألم أكن جديراً إلا برسم أبله. أهكذا ثوابي أو لم يلق لي غيره؟

بُرسيا: الخصومة والحكومة نقيضان لا يجتمعان في واحد.

الأمير: لنقرأ ما في القرطاس:

من راضه ألم الخطوب فإنّني

بالنار قد محصت⁽¹⁾ سبع مرار

من عاش لم يأمن على طول المدى

خطلاً⁽²⁾ ببادرة وسوء خيار

في الناس مخدوع يقبل ظلّه

فينال ظل سعادة وفخار

وفتى خلي العقل مثلي بينهم

في مظهر متألق غرار

أنّى⁽³⁾ تكن ما أنت إلا مشبهي

فاحمل حمولك وانج من ذي الدار

---

(1) نقيت.

(2) غلط رأي.

(3) كيفما.

71

مهما أطل الإقامة هنا بعد ما كان لا أزده إلا ظهوراً بمظهر الحماقة. جئت برأس أبله وأعود برأسين. أستودعك الله أيتها الزهراء. سأبرُّ بقسمي لأحسن تملك نفسي وكظم غيظي.

(يخرج الأمير مع حاشيته)

بُرسيا: كذا احتراق الفراشة بالنّور. هؤلاء المجانين الذين جفّت حواسهم لم يبغوا من المهارة إلا إتقان الخسارة.

نريسا: صدق من قال إن المشنقة قضاء والزواج نصيب.

(يدخل خادم)

الخادم: أين السّيدة؟

بُرسيا: ها هي. ما تبتغي منها؟

الخادم: يا سيدتي بالباب رجل من البندقية جاء مبشراً بقدوم مولاه مهدياً إليك ما زكا من التّحيات وما غلا من الحلى السنيّات حتى لخيّل إليّ أن شهر نيسان وهو مزدان بزينات الربيع لا يتقدم الصيف بأجمل وأرقَّ مما يتقدّم هذا الخادم الأديب مولاه الآتي في إثره.

بُرسيا: كفى لا تزد فقد خشيت أن تضيف إلى هذا الإفراط في الثّناء له أنه من أقربائك. تعالي نريسا ننقع غلّة شوقنا برؤية ذلك الرّسول الذي جاءنا بهذه المحامد كلها.

نريسا: باسانيو. وفقه أيها الغرام.

(تخرجان)

الفصل الثالث

المنظر الأول

البندقية- جادَّة

(سالانيو وسالارينو)

سالانيو: ما أخبار الريلتو؟[1]

سالارينو: ثبت ما شاع عن غرق مركب لأنطونيو ثمين الأوساق في ذلك المضيق الذي يسمّونه على ما أظن جود ونس وهو مكان بعيد الغور دفن فيه ما لا يحصى من الجواري المنشآت إن صحّ ما تزعمه العجائز المنبئات.

سالانيو: معاذ الله أن يكون ما سمعته إلا بهتاناً من أسخف قعيدة[2] أكلت فطير البرطمان[3] وأوهمت جاراتها أنها تبكي ثالث أزواجها.

---

(1) اسم السوق.

(2) عجوز مقعدة.

(3) نوع من النبات.

ولكن النّبأ الصّحيح الذي يبعث الأسى والأسف هو باختصار القول- منعاً للإسهاب وأخذاً بالمألوف من الكلام- أن أنطونيو النبيل. أنطونيو النزيه. أنطونيو الجدير بأشرف النعوت التي نعت بها إنسان...

سالارينو: هلمّ إلى الواقع.

سالانيو: ماذا تقول؟ الواقع هو أن أنطونيو فقد مركباً.

سالارينو: عسى أن تقف خسارته عند هذا الحدّ بإذن الله.

سالانيو: أبادر بالتّأمين مخافة أن يعارض الشّيطان هذا الدّعاء ولاسيما وها الشيطان بنفسه قادم إلينا في زي يهودي.

(يدخل شيلوخ)

سالانيو (متمماً): شيلوخ ما أخبار التّجارة في مصفق الريلتو؟

شيلوخ: أنت أعلم من علم بفرار ابنتي.

سالارينو: لا جرم أنها فرّت وأنا أعرف الخيّاط الذي صنع لها ما طارت به من الأجنحة.

سالانيو: وشيلوخ كان يعلم أيضاً أن للطّائر ريشاً وأن العصافير متى راهقت[1] سنّاً معلومةً فارقت وكر أبويها.

شيلوخ: لتهلك بما خطئت.

سالارينو: لا محالة إنها هالكة إذا كان الشّيطان قاضيها.

شيلوخ: يثور بي دمي ولحمي.

____
(1) بلغت.

سالارينو: أف لك من فاسق مزمن. أفي هذه السنّ تخطر لك الشهوات!

شيلوخ: أعني ابنتي وهي لحمي ودمي.

سالارينو: بين بدنك وبدنها من الفرق ما بين السبج[1] والعاج وبين دمك ودمها من البون[2] مثل ما يختلف النّبيذ الأحمر عن النّبيذ الأبيض. لكن أنت مخبرنا أعلمت أن أنطونيو أصيب بخسارة في مشحوناته بحراً؟

شيلوخ: وهذه مسألةٌ لم تكن لي رابحة. مفلسٌ مسرفٌ لا يجرؤ أن يتراءى في الريلتو. بائس... كان يجيء المصفق متبختراً. حذار له أن يتأخر عن الوفاء في أجل صكّه.[3] كان يدعوني مرابياً. إيّاه أن يغفل ميعاد خطَّه.[4] كان يقرض النقّود إقراض نصارى على سبيل الإحسان. ليخش أن يبطئ عن أداءٍ ما عليه في حينه.

سالارينو: ما أظنك إن تأخّر عن إعطائك المال تتقاضى بضعة[5] من لحمه أتفيدك في شيء؟

شيلوخ: تفيدني في إعداد طعم للسّمك. ألا يكفي أن أستخدمها في شفاء غليلي والانتقام لنفسي. هو الذي جلب عليَّ التحقير والازدراء وحال دون اكتسابي نصف مليون فوق ما اختزنت.[6] سخر من خساراتي وهزئ من أرباحي وسبّ قومي وعارض أعمالي ونفّر مني أصدقائي

------

(1) الصاج.

(2) الفرق.

(3) تعهده المكتوب.

(4) ورقته التي خطّها.

(5) قطعة.

(6) جمعت.

واهتاج أعدائي ولمَ كل هذا؟ لأنني يهودي. أليس لليهود عينان، أليس لليهودي يدان، وأعضاءٌ وجسم وحواسّ ومودات وشهوات؟ أليس غذاؤه مما يتغذى به النصرانيُّ؟ أليست الآلة التي تجرح أحدهما تجرح الآخر؟ أليس العلاج الذي يشفي ذاك يشفي هذا؟ أليس الشتاء والصيف واحداً لكليهما؟ ألسنا إذا وخزتمونا ننزف دماً وإذا دغدغتمونا نضحك وإذا سقيتمونا السمّ نموت وإذا آذيتمونا ننتقم؟ فنحن نشبهكم بهذا كما نشبهكم بكل ما سواه. أما جزاء اليهودي الذي يضرّ بمسيحي أن يثأر منه؟[1] إذن فلليهودي وقد إئتسى بأسوة[2] النصارى أن يثأر منهم إن أضرّوا به. سأعاملكم بمثل الشّدة التي تعاملونني بها أو أزيد.

(يدخل خادم)

الخادم: أيها السيدان مولاي أنطونيو يبتغي لقاءكما وهو الآن في داره.

سالارينو: نحن في البحث عنه منذ هنيهة.

(يدخل طوبال)

سالانيو: ما أشبه الليلة بالبارحة ومن توخّى[3] ثالثاً لهذين اليهوديين الأخوين لم يجده إلا أن يتهوّد[4] الشّيطان.

(يخرج سالارينو وسالانيو والخادم)

شيلوخ: ما وراءك يا طوبال أوجدت ابنتي في جنوا؟

______

(1) يؤخذ الثأر منه.
(2) اقتدى بقدوة.
(3) طلب.
(4) يصير يهودياً.

76

طوبال: خوطبت عنها في أماكن جمّة ولكنني لم أتوصل إلى عرفان موضعها.

شيلوخ: يا للخسران. اختلست مني ألماسة بيعت عليَّ في فرانكفورت بألفي دوقي. الآن قد طفقت اللعنة تحلّ على أمتنا حلولاً لم أشعر به من قبل. ألفا دوقي فقدتها عدا مصوغات أخر غالية وأيّ غلاء. من لي بابنتي ميتة عند قدمي والألماستان في أذنيها؟ من لي بها ممدودة هنا أمامي على وشك أن تُحمل في نعش وتحمل معها الدوقيات؟ عجباً أما من نبأ عنها- هكذا- ويعلم الله كل ما سأنفقه حتى أجد تلك الضّالة. خسارة فوق خسارة: كذا[1] للسارق وكذا للباحث عنه. ثم لا ترضية ولا انتقام. كل الرّزايا[2] تنصبّ على رأسي وحدي فلا زفرة إلا ما تصعده أنفاسي ولا عبرة إلا ما تصوبه عيناي.

طوبال: لست فذّاً[3] في تعرضك للنوائب؛ فقد علمت في جنوا أن أنطونيو...

شيلوخ: ما تقول ويل ويل ويل!

طوبال: فقد سفينة من سفنه قادمة من طرابلس.

شيلوخ: حمداً لله حمداً لله. أيقين؟ أيقين؟

طوبال: كلّمت نواتية نجوا من الغرق.

---

(1) يشير إلى قدر من المال.
(2) المصائب.
(3) وحيداً.

شيلوخ: وحمداً لك يا صديقي طوبال. نعمت الأخبار. نعمت الأخبار. أين؟ في جنوا؟

طوبال: سمعت أن كريمتك أنفقت ثمانين دوقياً في ليلة واحدة بجنوا.

شيلوخ: تطعنني بخنجر في قلبي؛ لن يعود إليَّ ذهبي، ثمانون دوقياً صبرة[1] واحدة. ثمانون دوقياً.

طوبال: في رجوعي إلى البندقية تسقّطت[2] من أقوال بعض الذين يدينون أنطونيو أنه لا بد له من التفليس.

شيلوخ: يا فرحاً بما قالوا. سأعذّبه. سأنكّل به... يا للسرور.

طوبال: أراني أحدهم خاتماً نفحته كريمتك به لتحلية قرد أعجبها.

شيلوخ: ويحها من تاعسة. تقتلني يا طوبال؛ تلك زبرجدتي التي اشتريتها من ليحا أيام عزوبتي ولو أعطيت بها فرقة من القردة لما أعطيها.

طوبال: لكنّه ثابت أن أنطونيو قد خرب.

شيلوخ: نعم. هذا يقينٌ؛ كل اليقين. اذهب يا طوبال وجِدلي سجّاناً تجعله تحت تصرّفي قبل حلول الأجل بأسبوعين. فإن لم يؤدّ ما عليه لم يكن لي بد من تمزيق قلبه ومتى خلت منه البندقية ففي وسعي أن أفعل فيها ما أشاء. إذهب. إذهب طوبال. ثم الحق بي في الكنيس بدار[3] يا طوبال.

(يخرجان)

---

(1) جملة.
(2) علمت بالاستطلاع.
(3) بادر.

المنظر الثاني

بلمنت- مزارة في قصر بُرسيا- الصناديق مكشوفة

(يدخل باسانيو وبُرسيا وأتباعهما وغراتيانو ونريسا)

بُرسيا: أبتهل إليك ألا تتعجل. تريّث يوماً أو يومين قبل الاقتراع، فإذا ساءت خيرتك لم يفتنا أنسك وعشرتك. رويدك رويدك. في قلبي شيء. وهذا الشّيء ليس بالغرام- يوحي إليَّ أن فقدك مساءة لي. على أنّ مثل هذا الوحي لا يجيء من البغضاء. ولأزيدك مكاشفة بما في ضميري (دع أن الأجدر بالفتاة ألا يكون لها من اللّسان إلا فكرها) أقول إنني أتمنى استبقاءك ههنا شهراً أو شهرين قبل المخاطرة بمستقبلك من أجلي. وقد يجيش⁽¹⁾ بي أن أعلمك كيف تحسن الخيرة لكنّني إذن أكون حانثة⁽²⁾ ومعاذ الله أن أكونها أبداً. إلا أنني لو لم أرشدك وتعذر عليك الفوز بي لاشتدّ أسفي من كوني لم أحنث. ويحي إن عينيك نظرتاني فقسمتاني إلى شطرين: شطر لك وشطر لك. كان ينبغي أن أقول لي في الثانية لكن سبق لساني لأنّني لك وما بقي لي فهو إذن لك. يا للقضاء الجائر أقام حاجزاً بين المالك وملكه؛ فأنا لك ولكنّني ربما لا أكون لك. لئن جرى الحكم

⁽¹⁾ يقوم في صدري.
⁽²⁾ مخلفة قسمي.

على هذا فلا وقعت التّبعة[1] إلا على مصدر الحكم لا عليَّ. أفرطتُ في الثرثرة ولكن لا لإضاعة الوقت بل لإطالته بتأخير اقتراعك.

باسانيو: دعيني أختر فإني في أشدّ العذاب.

بُرسيا: في أشدّ العذاب يا باسانيو فلابد من خيانة تحت هواك والأولى أن تقرَّ بها.

باسانيو: لا خيانة ولكن خشية فقدي من أهواه وقد يكون أيسر أن تأتلف النار والثلج من أن تأتلف الخيانة وحبي.

بُرسيا: سوى أنّني أخشى أن يكون كلامك إكراهياً أشبه بما يجريه الألم على الألسنة قسراً.[2]

باسانيو: عديني بالحياة أعترف لك بالحقيقة.

بُرسيا: اعترف وعش.

باسانيو: كان يجب أن تقولي اقرر وأحبب، لأن إقراري لا يزيد عن معنى هاتين اللفظتين. ما أعذب ذلك العذاب الذي يعلمني مسببه كيف أنجو منه. لكن دعيني أعرف بختي بين هذه الصّناديق.

بُرسيا: إليها وأعانك الله. إني في أحدها فإن كنت لي محباً اهتديت إليَّ - (إلى الأتباع) أي نريسا أي هؤلاء جميعاً تنحوا قليلاً- لتعزف الموسيقى مدّة خيرته فإن خسر كانت نهاية هوانا في النّغم كنهاية ذلك الطائر العوام الذي لا يجيد في حياته إلا صوتاً يتغنى به قبيل وفاته. ولإتمام

____
(1) العاقبة والنتيجة.
(2) بغير رضاها.

الشبه اجعل عندئذ عيوني الماء الصافي الذي يقضي فيه ذلك الهوى نحبه.

أما إذا كسب فكيف يكون النّغم إذن؟ ليكن نفخاً في الأصوار[1] بعيد الصّدى كما يكون حين تجثو الرّعية المخلصة لدى ملكها المتوّج حديثاً أو كذلك اللّحن الشجيّ الذي يشدوه السعد في أذن الخطيب صباح اليوم الذي تتحقق فيه أحلامه ويتأهب لعقد القران على عتبة الهيكل. ها هو يتقدم بأقل جلالاً ولكن بأكثر غراماً من الفتى الشجاع «ألسيد»[2] حين أنقذ البتول التي قربتها قبيلة طروادة باكية منتحبة للوحش البحري. على أنني أشبه بتلك الفتاة المقدمة للتضحية. أجد الذين حولي مستعبدين كالطرواديين يتوقعون الختام وأقول أماماً يا هرقل[3] عش فأعيش - أنا شاهدة القتال سوى أنني أشدّ تأثراً منك يا من يقدم عليه.

(تُسمع الموسيقى خلال نظر باسانيو في الصناديق وتشاوره)

صوت ينشد:

أين مكان الهوى ومنبته

في العقل أم في الفؤاد مولده

ومن مباهٍ به الجلال فقد

دال من المالكين أيَّده[4]

آخر ينشد:

---

(1) الأبواق.

(2) إسم ثان لهرقل الروماني.

(3) اسم بطل روماني.

(4) أي أن الجمال يباهي العظمة ويرجح سلطانه على سلطان الملوك.

تلك العيون السواهي

للحب هنَّ مهود

إن يسقه اللَّحظ ناراً

قضى وهنَّ اللحود

الجمع ينشد:

ليهتف هتاف الأسى

ويسمع نواح الأسف

يخف صريع المنى

ويودي سريع الشَّغف.

باسانيو: نعم يقرب من الإحتمال أن أبهج غلاف بظاهره يحتوي على أشيع شيء. هكذا تخدعنا زينات الناس في الغالب من الأمر. أتوجد في القضاء دعوى سيئة لا يتولى الدّفاع فيها منطيق[1] مقنّع يغطي معايبها بتأثير فصاحته؟ أيوجد في العقائد خطأ مهلك لا يجهد أحد المتنطسين[2] العابسين أن يحلله بنصوص قاطمة ويخبؤ ما به من السّم تحت أزهار يزينه بها. هل في المثالب واحدة لا تلبس لدى الإبصار بعض ملامس المحامد. كم من جبان لا تختلف شجاعته عن مدرجة من الرمل ولكنه يغشّي ذقنه بمثل لحية هرقل الصنديد أو لحية المريخ[3] العنيد. لو استشفت بواطن هؤلاء الرعاديد لوجدت أكبادهم بيضاء كاللبن سوى أنهم سرقوا تلك

---

(1) فصيح النطق

(2) المتشبثين بدقائق ما يعلمون أو ما يعتقدون

(3) اسما بطلين رومانيين

الإمارات المهيبة ليداجوا[1] بالبطش وبالبأس. أنظروا إلى الجمال تجدوا جوا ذبه مجلوبة من حانوت التّاجر ومن غريب ما تحدثه الطبيعة في هذا الباب أن أكثر النّساء حمولة من المحاسن المستعارة هن اللواتي لا يطول الزمن من بزيناتهن؛ فإذا رأينا عند بعضهن ذلك الشّعر الذهبي الذي تتلوى ضفائره تلوي الثعابين وتتجارى بين غدائره لواعب النسمات لم يكن إلا زخرفاً باطلاً ورثه الرأس المتباهي به عن رأس أصبح بالياً في القبور. فالتبرّج[2] إذاً ليس إلا زينة الشّاطئ الذي ينزل منه إلى البحر الزاخر بالأخطار، أو هو الشف[3] اللمّاع، الذي تحتجب وراءَه هجنة[4] هندية. أو هو ما ترتديه الحيلة من مشابهة الحقيقة لتأخذ الحكيم في أشراكها. لهذا أنبذك أيها الذهب البرّاق طعام ميداس[5] كما أنّني أنبذك أيتها الفضة فإنما أنت ذلك المعدن الشاحب والأداة المبتذلة في التّداول بين الناس. أما أنت أيها الرصاص المستخس الذي لا يغش العيون والذي تغريني سذاجته الصامتة أشدّ من إغراء الفصاحة فإيّاك أختار لعلّك تكون مخبأ سعدي ومبعث هنائي.

بُرسيا: أرى كل العوامل قد تبدّدت في الهواء من همّ مقلق وخوف مؤرق[6] ويأس ليس بإحدى الراحتين وغيرة مخضرة العين حاشاك أيها الغرام الذي استباح قواها واستبى حماها فبحقك إلا ما ترفّقت بي

---

(1) ليتظاهروا

(2) التحسّن والتزيّن

(3) الحرير الرقيق

(4) الصفة الغريبة لوناً أو ملمعاً

(5) ملك يوناني كانت له آذان حمار وحكمت عليه الآلهة بتحول كل ما يمسه إلى ذهب

(6) مسهد

وتلطّفت لي وخفّفت من غلوائك وهدّأت من سورة(1) سرائك فقد خشيت أن ينوء بحملك قلبي ويقضي بفضلك نحبي.

باسانيو (فاتحاً صندوق الرصاص): ماذا أرى؟ أَرَسمُ بُرسيا؟ أي ملك تنزّل من سمائه فتجلّى في هذه الصورة الإنسيّة.(2) يا عجباً لهاتين الحدقتين أهما تتحرّكان أم أنا واهم؟ يا عجباً لهذا الثّغر لم تكد شفتاه الرقيقتان تفترقان على ما بينهما من الهوى إلا لتأذنا أرج الأنفاس بتعطير الهواء. يا عجباً لذلك الشعر كأن أمهر الرسّامين عندما نظمه قد حاك من خيوطه الذّهبية حبالة تؤخذ بها القلوب كما تؤخذ دقاق الهوام(3) بنسج العنكبوت. ولكن البدع كل البدع في العينين كيف استطاع ذلك المصوّر أن يحدّق فيهما ليحسن تمثيلهما. أما الكمال فانظروه في الأصل لا في النقل. وما أبعد ربة الجمال عن أن يضارعها الخيال. فلأمتّع الآن طرفي بما كتبه الحظ في هذا القرطاس من آيات سعدي.

(يقرأ)

يا من رأى باطلاً فمرّ به

ولم يزغ في طلائه نظره

يهنئك العقل لم يضل به

مغويه والسعد رابحاً خطره

---

(1) حدّة وشدّة

(2) الإنسانية

(3) صغار الحشرات

لئن تكن قد حظيت بعد جوى⁽¹⁾

كما يصيب الجزاء منتظره

قبّل محيا العروس مغتبطاً

فالعمر قد طاب والمنى ثمره

حبذا هذه الأقوال الشّائقة. إذناً أيتها السيدة الجميلة. (يقبلها). أتيت
وهذه الورقة في يدي لأقبّل وأتقبّل مشبهاً بذلك صاحب الفوز في
الصّراع المشهود. فهو إذا سمع تصفيق المتعجبين وتهليل المعجبين جمد
مكانه ونظر حواليه مرتاباً فيما إذا كان ذلك التمداح موجهاً اليه. وما
موقفي هذا إلا كموقفه ذاك أكاد أرتاب فيما أرى وأرقب لتصديق ما
جرى أن تجيبيني إلى ما قدمت إليه وتثبّتي وتحقّقي ما اغتنمت.

بُرسيا: أيها الهمام باسانيو ها أنا لديك كما أنا ولولا أمر جددته في نفسي
لاجتزأت بالنعم التي منحتها ولم أستزد. لكني غدوت متمنية من أجلك
لو رجحت ستين مرة على ما أعادل اليوم ولو كنت ألف مرة أجمل وعشرة
آلاف مرة أوسع جاهاً فتكبر حظوتي في عينيك ولو كان لي من الفضائل
والمحاسن والأموال والأصحاب عداد لا تنفد.⁽²⁾ إلا أنني ولا فخر غير
خالية من شيء يقدر بقدر فإنما أمامك فتاة معصر⁽³⁾ نقيّة غرّة تعتدّ من
لطف العناية بها كونها لم تزل لدنة⁽⁴⁾ صالحة للتقويم. ومن سعد طالعها
أنها ليست من الجهل بحيث تستعصي على التّعليم ومن تمام نعائمها أن

(1) شدة الشوق
(2) تفنى
(3) في زهرة العمر.
(4) خضراء العود.

عقلها طيّع يدعوها إلى غلقاء زمامها عن رضى بين يديك والإقرار عن خضوع بأنّك سيّدها وأميرها ومليكها. فأنا وكل مالي قد أصبحنا لك اليوم. كان قبلاً هذا القصر المشيّد قصري وكنت مولاة خدمي وحشمي وكان بيدي قياد نفسي. أما الآن فالدار والتبع والمتبوعة في تصريف بنانك يا وليَّ أمري. وهبتك أولئك جميعاً. وأزيدك هذا الخاتم الذي أوصيك بحفظه وبأن تحرص كل الحرص من إضاعته أو فقده أو مفارقته فإنّ ذلك لينذرني بتحوّل قلبك عني ويخوّلني حق الشكاية منك.

باسانيو: لقد أعجزتني يا سيدتي عن التفوّه بلفظة واحدة فما فيَّ من متكلم إلا دمي الذي يجيش في عروقي وأشعر باضطراب في أفكاري أشبه بغوغاة الجمهور إذ ألقى عليهم أمير كريم كلمات محبته فاختلطت عواطفهم في إحساس واحد اجتمعت عليه كل تلك النّفوس: إحساس الفرح بين صامت أو صائت[1] فاعلمي أن حياتي تفارقني قبل أن يفارق هذا الخاتم إصبعي وإذ ذاك لكِ أن تقولي: «مات باسانيو».

نريسا: إن سعدكما هذا لسعد طالما تمنيناه فأجيزا لنا يا سيديَّ رفع تهنئتنا إليكما: صفاءً وهناءً.

غراتيانو: يا سيدي باسانيو ويا سيدتي أدعو لكما بها تشتهيان من صنوف النّعم واثقاً من أن آمالكما لن تتمادى إلى الإضرار بتحقيق أمانيَّ وعلى هذا أستأذنكما بأن يكون عقد قراني في نفس اليوم الذي ستعينانه لعقد قرانكما.

____

(1) ذي صوت.

باسانيو: إذا وجدت الحليلة[1] فإنّا لنأذن لك بارتياح.

غراتيانو: لقد ظفرت ولك الشّكر يا سيدي بالتي أرغب فيها فإن عينيّ لا تقلان فراسة عن عينيك وقد لمحت التابعة كلمحك المتبوعة فأحببت كما أحببت. وشببت[2] كما شببت. وكما كان حظّك منوطاً بهذه الصناديق كان حظي منوطاً بنجاحك إذ أنني بعد تجشمي عرق القرية لإستمالة هذه الغانية وإبحاحي صوتي في الإقسام لها على صدق غرامي لم أفز منها إلا بوعد: وهو أنها تقترن بي إذا أنت وفّقت للاقتران بمولاتها.

بُرسيا: أكذا يا نريسا؟

نريسا: نعم يا سيّدتي إن كان فيه رضاكِ.

باسانيو: أجدٌّ ما تقول يا غراتيانو؟

غراتيانو: جدّ في النهاية يا سنيور.

باسانيو: نعدُّ من متممات فرحنا أن يقام عرسنا وعرسكما في آن.

غراتيانو (لنريسا): لنراهن بعشرة آلاف دوقي على مَن من فريقينا يجيء بأوّل ولد. أسمعُ قدوم أناس... هذا لورنزو وكافرته[3] وهذا صديقي القديم سالاريو البندقي.

(يدخل لورنزو وجسيكا وسالاريو)

---

(1) القرينة.

(2) تغزلت.

(3) يقصد المؤلف بالكافرة في لغته عدا المعنى الديني ومعنى الزوج غير الأمينة إذ اللفظة الواحدة تشمل المرادين.

باسانيو: لورنزو وسالاريو مرحباً بكما إن كان يسوغ لي على حداثة عهدي هنا أن أحتفي بمواطنيّ وأصدقائي. أتأذنين لي يا بُرسيا الجميلة أن أرحّب بهم؟

بُرسيا: لقد لقوا أهلاً ونزلوا سهلاً.

لورنزو: حمداً لك يا مولاتي. أما أنا فلم يكن مقصدي هذا القصر لكنني صادفت سالاريو في الطريق فلجّ حتى أوجب مجيئي معه.

سالاريو: هذا ما حدث يا سيدي وكان لذلك عندي سبب. إليك كتاباً من السنيور أنطونيو حمّلني إياه وأوصاني أن أذكره لديك.

(يعطيه الكتاب)

باسانيو: قبل فض الكتاب كيف صديقي الأعزّ.

سالاريو: ليس بمريض ولا بمعاف إلا أن تكون الصحّة أو العلّة في الرّوح لا في الجسم ولكنك ستعلم من رسالته حقيقة حالته.

غراتيانو (مشيراً إلى جسيكا): نريسا أكرمي وفادة هذه الأجنبية واحتفي بها؛ يدك يا سالاريو؛ أي جديد في البندقية. كيف أنطونيو أمير التجّار وكيف أعماله؟ أنا موقن أنه سيفرح لأفراحنا. نحن من آل جازون[1] قد غنمنا الجزازة الذهبية[2].

سالاريو: ليتكم كسبتم ما خسر.

---

(1) أحد ملوك تساليا قديمًا.
(2) قلادة من ذهب لا سيرة عندهم.

بُرسيا: لا بد أن تكون في هذا الكتاب أنباء رائعات[1] فقد امتقع[2] وجه باسانيو وما يغيّر وجه الرّجل الكريم مثل هذا التغيير السّريع إلا أن يفقد صديقاً من أصفى أصفيائه، تهون في جنب رزئه فوادح الأرزاء. عجباً. أرى ازدياداً في أسفه. إئذن يا باسانيو: إني شطر منك الآن وأطلب بقوة حصتي من مضمون هذه الرّسالة كائناً ما كان.

باسانيو: يا حبيبتي بُرسيا لم تسود الصحف في يوم من الأيام بمثل ما سودت به هذه الصحيفة من السطور المشؤومة. عندما فاتحتك بغرامي لأوّل عهدنا أقررت لك بأن ما بقي من ثروتي لم يكن إلا الدم الجاري في عروقي؛ دم ماجد شريف. على أنّني أيتها الصفيّة الرقيقة مع صدقي بإبلاغك أنّني لم أكن شيئاً مذكوراً قد غاليت فقوّمت نفسي بما يفوق قيمتها كثيراً وكان الأجدر بي أن أصارحك بأنّني أقلّ من لا شيء. ذلك لأنّني استخدمتُ ضمان صديق عزيز للحصول على مال أقضي به حاجتي فعرّضته بذلك لألدّ أعدائه وأشدّ مبغضيه. هذا كتاب يا سيدتي درجه[3] جسم صاحبي وكل كلمة في الدرج جرح ثخين في الجسم يتدفق منه الدّم وتندفع في أثره الحياة. لكن أحقّ يا سالاريو أن كل تلك المواسق نكبت. عجباً ألم ينج واحد منها أولم تصل سفينة فذة[4] من تلك السفائن العائدة من طرابلس أو المكسيك أو إنجلترا أو لشبونه أو الهند بلا استثناء. أكلها أبادته الصخور وألقت به في أعماق البحور؟

---

(1) هائلات.
(2) تغير لونه.
(3) ورقته.
(4) واحدة.

سالاريو: كلها باد بلا استثناء. ومما يزيد الشّجن أن اليهودي فيما ظهر منه وتحقّق يأبى المال لو ردّ إليه الآن. ذلك مخلوق على كونه في شكل إنسان ما رأيت في غابر أيامي أشد منه تكالباً للتّنكيل بخصمه فهو من الصباح إلى المساء لاحق بالدوج ملحّ أو ملحف[1] بتقاضي شرطه مجاهراً بأنه لا يبقى للعدل في الحكومة معنى إذا لم يعن على استيفاء حقه وقد خاطبه عشرون من التّجار كما خاطبه الدوج نفسه والملأ الأكرمون من الأعيان ليعتدل في إربه ويعدل عن طلبه فأبى مصرّاً ولم يتمكنوا من تليين قلبه الجافي المليء بالضّغن.[2]

جسيكا: عندما كنت معه سمعته بحضرة طوبال يهمس[3] لمشايعيه في الدّين يقول إنه يؤثر البضعة من لحم أنطونيو على عشرين ضعفاً للقدر الذي أقرضه إياه وأنا متحقّقة من أن أنطونيو المسكين إذا لم يؤازره القانون أو أولياء الحلّ والعقد لم يفلت من مخالب الخطر.

بُرسيا: أذلك الرّجل الواقع في هذه الأزمة الشديدة حبيب إليك عزيز عليك؟

باسانيو: هو أصفى إخواني وأوفى أخداني[4] هو في الرّجال الأشهم الأمجد الأكرم الأعود[5] هو الإنسان الذي تتراءى فيه الروح الرومانية أصفى ما كانت وأنقى ما هي كائنة في نفس إنسان من بني إيطاليا.

---

(1) مكثر الإلحاح في الغاية.

(2) البغض.

(3) يقول سرّاً.

(4) أحبابي.

(5) الذي يكرر إحسانه.

بُرسيا: ما الذي عليه لليهودي؟

باسانيو: عليه ثلاثة آلاف دوقي أخذتها أنا.

بُرسيا: أهذا كل المقدار؟ أردد إليه ستة آلاف وليمزّق ذلك الخط. ضاعف له هذا الزهاء أو أعطه ثلاثة أمثاله حرصاً على شعرة من رأس صديق كهذا أن تضيع لأجل باسانيو. إصحبني بعد هنيهة إلى الكنيسة لتتخذني عروساً لك ثم اذهب من فورك إلى البندقية لإسعاف[1] صاحبك إذ أن بُرسيا لا ترضى إقامتك بجانبها ونفسك قلقة. وأيّما مبلغ من الذهب وجب لإيفاء ذلك الدّين الصغير حتى لو أربى على أصله عشرين ضعفاً حُمل إليك بلا إبطاء، فإذا قضيت هذا الحق عدت بصاحبك لنأتنس به. وفي خلال هذه المدة سأعيش أنا ونريسا عيشة بتولين وأيّمين.[2] هلمّ بنا وإذا كان قد تحتّم عليك هذا السفر في يوم عرسك فلا يصددك ذلك عن الهشاشة لإخوانك ولا يروا منك إلا وجهاً ضحوكاً. سأعلي قدرك بنسبة ما قد أغليت مهرك ولكن فإنّك إن تسمعنا شيئاً مما كتبه صاحبك.

باسانيو (قارئاً): «صديقي باسانيو. ارتطمت جميع مراكبي وأصبح الدّائنون لي بلا شفقة. شؤون تجارتي في درك الانحطاط ولم يتسنَّ لي افتكاك نفسي من حقّ اليهودي في الأجل المضروب. ولمّا كنت لا أستطيع التحرّر مما عليَّ إلا أن أفتدي الدين بحياتي عوّلت على ذلك مبرّئاً ذمّتك من كل ما تسلّفته مني راجياً أن أراك قبل وفاتي وما أكلّفك المجيء إلا تبعاً للتّيسير وعلى أن يكون باعثه وحي الصداقة إليك لا تثقيل هذا

____

(1) لقضاء حاجة.

(2) زوجين بلا زوجيهما.

الكتاب عليك».

بُرسيا: أي حبيبي تجهّز عاجلاً وسر.

باسانيو: أما وقد أذنتني بالسفر فإنّي لمبادر ولن آوي إلى مضجع أو ألتمس شيئاً من الرّاحة فيعوقني أدنى عوق عن سرعة الرجوع.

(يخرجون جميعاً إلا بُرسيا ونريسا وبلتزار)

المنظر الثالث

البندقية- جادّة

(يدخل شيلوخ، وسالانيو، وأنطونيو، وسجّان)

شيلوخ: سجّان إحرص عليه. لا تلتمس مني رحمة؛ هذا هو الأبله الذي كان يقرض النقود إحتساباً.[1] سجّان إيّاك أن يفلت.

أنطونيو: تفضّل بالصغو إليَّ أيها السميح شيلوخ.

شيلوخ: أتقاضى حقي ولا أريد أن أسمع كلاماً في هذا المعنى. أقسمتُ إلا ما تنجّزت[2] حقي: لقد كنت تدعوني كلباً بلا ذنْبٍ مني، فإن كنت الكلب الذي تصفه فاصبر لنكز[3] أنيابي. سينصفني الدوج. من العجب أيها السجّان البليد أنك تلين له هذه اللّيونة وتخرجه من معتقله إجابة لملتمسه.

أنطونيو: أتوسّل إليك أن ترعيني سمعك.

شيلوخ: أطلب حقي ولا أرعيك سمعي؛ حسبك ضراعة لا تفيد. لست من أولئك الأغبياء الذين إذا استُعطفوا هزوا رؤوسهم ونفسوا كربهم

---

(1) بلا فائدة

(2) استوفيت.

(3) عض الثعبان.

بتصعيد أنفاسهم ثم أجابو النصارى إلى رغائبهم. دعك من متابعتي. لن أستمع لك إنّما أتقاضى حقّي.

(يخرج)

سالانيو: لم يرزأ الناس[1] في معاملاتهم بأظلم من هذا الضّاري.

أنطونيو: عدّ عنه. حسبي لحافاً به وتضرّعاً إليه بغير جدوى. يبغي حياتي وأعرف السبب في ذلك: فهو ينتقم لإنقاذي من مخالبه غير واحد من المقترضين الذين استعانوا بي عليه وهذا سرّ بغضائه.

سالانيو: يقيني أن الدوج لا يأذن بإنفاذ تعهّد كهذا.

أنطونيو: لا يستطيع الدوج منع القانون من الجري في مجراه؛ فإذا أرابت الحكومة في تأويله أساء الأجانب ظنّهم بعدلها وخشوا على الامتيازات المخوّلة لهم فكان في ذلك خطر على مدينة كالبندقية قوام ثروتها تجارتها مع الأمم الأخرى. لننصرف. إن أحزاني ومصائبي قد شفتني[2] حتى لا أعلم إن كانت قد أبقت لليهودي القدر الذي سيتقاضاه غداً من لحمي. سر بي أيها السجّان سر بي. عسى الله أن يرسل إليَّ باسانيو فأراه، ويراني وافياً دينه، فأموت عندئذٍ راضياً.

(يخرجون)

____

(1) لم يصابوا.
(2) أذابتني.

المنظر الرابع

بلمنت- مزارة في قصر بُرسيا

(تدخل بُرسيا ونريسا ولورنزو وجسيكا وبلتزار)

لورنزو: أجرؤ أن أقول بحضورك أنّ رأيك في الصّداقة الخالصة رأي صادق شريف وأنك قد أيّدته بتحمّلك فراق زوجك في مثل هذا اليوم، ولكنّك لو عرفت من الرجل الذي تسدينه هذا المعروف وما شرفه ومودّته لقرينك لكنت أشدّ افتخاراً بهذه المنّة منك بأية منّة أوليتها من قبل.

بُرسيا: لم أندم مرّة على الإحسان، فما أبعدني الآن عن النّدم ولاسيما وأن الصاحبين إذا طال تعاشرهما واختلاطهما حتى تآلف قلباهما وتواثقت نفساهما بعرى الصداقة فلا بد من تشابه بينهما في الخَلق أو الخُلُق ومن ثم اعتقدت أن أنطونيو هذا لا بد أن يكون على شاكلة زوجي بسبب ما بينهما من متين العلاقة فالثمن الذي اشتريت به من القسوة الجهنمية ذلك الصديق الخلوق على مثال زوجي لا يكون إلا بخساً. لكن أراني استدرجت إلى ما يشبه التمدح فلنتحول عن هذا المعرض إلى معرض آخر. يا لورنزو أرغب إليك في تولي إدارة بيتي إلى أن يعود بعلي. أما

أنا فقد نذرت لله سراً أن أعيش في النسك والدعاء والاعتزال إلا عن نريسا إلى أن يرجع بعلانا[1] وسنقيم في دير قريب لا يبعد إلا ميلين عن هذا المكان فرجائي ألا تمتنع من إجابة هذا الطلب على ما تقتضيه المودّة وأسباب غيرها أيّدات.[2]

لورنزو: أوافق على ما تريدينه يا سيدتي بكل قلبي وما أطوعني لأمرك في كل أمر مشروع.

بُرسيا: سآمر أتباعي أن يكونوا منذ الساعة رهن إشارتك كأنك باسانيو ورهن إشارة جسيكا كأنّها أنا. أستودعكما الله في صحّة ونعمة إلى أن نلتقي.

لورنزو: منحك الله صفاء البال وصفاء الوقت.

جسيكا: أرجو لك يا سيدتي قرّة العين ومسرّة الفؤاد.

بُرسيا: أدعو لكما بمثل ما دعوتما لي. أراك بخير يا جسيكا.

(تخرج جسيكا ولورنزو)

بُرسيا (متممة): إليك خطابي الآن يا بلتزار. أود لو وجدتك اليوم على ما عهدته فيك من الوفاء والمضاء في الامتثال. فاحمل رسالتي هذه بأسرع ما يستطاع إلى مدينة بادوا إلى ابن عمي الدكتور بللاريو فإذا سلّمته إياها يدا بيد تسلّم منه الأوراق والملابس التي يعطيكها وجيء بها كلمح الطرف إلى مرسى السفينة التي تجول عادة بين القارّة والبندقية. لا تضع وقتاً في

---

(1) زوجانا.

(2) قويات.

الكلام بل سافر وسأسبق إلى الموعد.

بلتزار: سيدتي سأبادر جهد المبادرة.

(يخرج)

بُرسيا: تقدّمي نريسا؛ أنا عازمة على أمور ما زلتِ تجهلينها فاعلمي أننا سنلقى زوجينا قبل الوقت الذي يظنان.

نريسا: وهل يبصراننا؟

بُرسيا: بلا ريب يا نريسا ولكن في زيّ يوهم أننا غير منقوصتين ما نقصته أجسام النساء. بمعنى أننا متى لبسنا لبس الفارسين الشارخين[1] راهنتك على ما تشائين أنني سأتقلّد خنجري بلباقة لا يستطيعها الرجل وسترين كيف أرقّق حينئذ صوتي فأجعله ناعماً كصوت الغلام المراهق[2] وكيف أحوّل هذه المشية الحيَّة إلى مشية الذكر المتباهي وكيف أتكلّم عن مشاجراتي تكلّم يافع جميل فخور وكيف أستدرّ الأكاذيب من حاضر الذهن فأحسن قصصها ذاكراً العقائل[3] العفيفات اللائي افتتنَّ بحبي والخرائد المصونات اللائي مرضن ومتن من جفائي إذ لم يكن في وسعي أن أكفيهن جميعاً؛ مبدياً أسفي على اللّواتي قضين نحبهنّ[4] من أجلي متفنّناً في تفصيل أمثال هذه الغرائب والعجائب حتى ليحلف الرّجال الذين يسمعون مني تلك الأقوال أنني لم أفارق المدرسة إلا لعام أو بعض

---

(1) في عنفوان الصبا.
(2) أول شبابه.
(3) النساء.
(4) مُتنَ.

عام خلا.

نريسا: على هذا سنقضي حيناً في مخالطة الرّجال.

بُرسيا: أفٍّ منك وبئس السؤال. لو كان هنا أجنبي لأساء الظنّ بطهارة نيّتنا هلمّي بنا إلى الكنيسة لإتمام العقد ثم أشرح لك مقصدي في الطّريق وإن أمامنا لمسيرة عشرين ميلاً. البدار البدار.

(تخرجان)

المنظر الخامس

المكان عينه- حديقة

(يدخل لنسلو وجسيكا)

لنسلو: نعم والحقّ ما أقول؛ ذلك أن خطايا الوالد تقع على الولد ولهذا أخبرك عن يقين أنّني أخاف عليك جد[1] الخوف. وقد جرت عادتي أن أصارحك بفكري كلّ فكري- فأنت على علم لا ريب فيه أنك هالكة النفس- وليس بباق لك سوى رجاء غير جدير بالذكر؛ رجاء لقيط.

جسيكا: وأيّ رجاء هو؟ أتفصح عنه ولك الفضل؟

لنسلو: هو: أن تأملي أنك لست من صلب أبيك أي أنك لست ابنة اليهودي.

جسيكا: عندئذٍ يكون رجائي لقيطاً كما ذكرت وإذن تعلق بي تبعات خطايا والدتي.

لنسلو: أنا- وما أحدّثك إلا بصدق- أخشى أن تكوني هالكة من جهة الأب ومن جهة الأم معاً فإذا أردتُ لك النجاة من ناحية الصخر: أبيك، وقعت بك في ناحية الهوة: أمك. فأنت بتمام الراحة هالكة من

___
(1) أكيد.

هنا ومن هناك.

جسيكا: ولكن يخلّصني زوجي الذي جعلني نصرانية.

لنسلو: إنه لجدير باللوم المضاعف على فعله هذا. لقد كنّا نحن النصارى أكثر عدداً مما تقتضي الحال وكنا بحيث لا يكون الواحد منا يكفي أخاه. فهذا التهافت على الاستكثار من المسيحيين سيغلي أثمان الخنازير: وإذا أصبح الناس جميعاً أكلة خنازير فلسوف يأتي وقت لا يتسنى لأحد فيه أن يحصل على كربونات.

(يدخل لورنزو)

جسيكا: لنسلو، سأبوح لزوجي بكل ما قلت لي؛ ذكرته وها هو.

لورنزو: أتعرف يا لنسلو أنّني قد قاربت أن أغير منك لفرط ما تتوالى محادثاتك لامرأتي على انفراد.

جسيكا: كن آمناً من هذا القبيل يا لورنزو. إنّ لنسلو لخصيمي اليوم فقد قال لي بلا مجاملة أنّ لا رحمة لي في السّماء لأنّني ابنة يهودي. ويزعم أيضاً أنك سيّء الوطنية لأنك بتحويلك يهوداً إلى نصارى تغلّي ثمن الخنزير.

لورنزو: سيكون أسهل عليَّ أن أبرأ من هذا الذّنب لدى مواطنيَّ مما يسهل عليك أن تبرأ من إحبالك جارية سوداء.

لنسلو: يحتمل أن لا تكون الجارية السوداء على الحالة التي ينبغي أن تكون عليها، ولكنها إذا كانت قد نقصت شيئاً عما يجب أن تكون المرأة العفيفة فقد زادت شيئاً على ما كان عهدي بها.

لورنزو: ما أيسر لعب الحمقى بالألفاظ- أظن أنه لا يمضي زمن حتى يصير السكوت هو العقل والكلام هو ما يليق للببغاوات- إذهب أيها الهزأة[1] وقل لحشمنا أن يتأهبوا للعشاء.

لنسلو: المائدة ستهيّأ والأطعمة ستوضع وأما أن تذهب لتناول الطعام فهذه مسألة أَدَعُ لك حلّها كما ترى.

(يخرج)

لورنزو: ما أعجب هذا الإدراك وما أغرب تصفيف هذه العبارات بهذه البراعة. هذا الأبله قد جمع في ذهنه جيشاً من النكات وأعرف غير واحد من علية أهل المناصب محشوين مثل هذا الحشو وينطقون شمالاً ويميناً بمثل هذه المهاترات؛ دعينا من هذا يا جسيكا وقولي كيف أنت يا حبيبتي؟ وما رأيك في قرينة باسانيو؟

جسيكا: فوق ما تصف الكلم؛ على السنيور باسانيو ذمّةٌ أن يسير أحسن سير الرجال لأنه بحصوله على مثل هذه المرأة قد وجد في الأرض نعيم السماء وإذا لم يعرف قدر سعادته في الدنيا لم يجدر أن يفوز بسعادة أخرى. وأيم الحق أنه لو تراهن إلهان على خطر علوي[2] وجعلا الرهان امرأتين إحداهما بُرسيا لوجب أن يزاد في الخطر على الأخرى شيء كثير؛ ذلك بأنه ليس في الإمكان أن تنفى إمرأة كبُرسيا في هذه الأكوان.

لورنزو: هي في الزّوجات ما أنا في الأزواج

---

(1) الذي يهزأ الناس منه.

(2) سماوي.

101

جسيكا: هلا سألتني رأيي في هذا الشبه؟

لورنزو: هذا ما سأفعله فيما بعد فلنبدأ بتناول العشاء.

جسيكا: لا ودعني أمتدحك حين النّفس طالبة.

لورنزو: بل دعي هذا بغير أمر نجعله حديث المائدة. ومهما تقولي عندئذ اهتضمه مع سواه.

جسيكا: حباً وكرامة وسأتولى الثّناء عليك.

(يخرجان)

الفصل الرابع

المنظر الأول

البندقية- دار عدل

(يدخل الدوج والأعيان، وأنطونيو، وباسانيو، وغراتيانو، وسالارينو، وسالانيو وآخرون)

الدوج: هل أنطونيو هنا؟

أنطونيو: ها أنا رهين بأمر سموّكم.

الدوج: إني مكتئب لما نابك وأن خصمك رجل فاقد الإنسانية، عادم الرحمة، شديد المراس، ميت الإحساس.

أنطونيو: نُمي إليّ أنكم بذلتم كل مجهود لاستعطافه فما ازدداد إلا جفوة، ولمّا كان مستمراً في عناده والقانون لا ينجيني من مخالب حقده وطنت نفسي على الصبر وتهيّأت بجلد لما ترميني به نفسه الخبيثة

من الرزايا.

الدوج: ليُدع اليهودي ويمثل لدى المحكمة.

سالانيو: ها هو بالباب يا سيدي، هو آت.

(يدخل شيلوخ)

الدوج: افسحوا له فنراه ويرانا مواجهة. شيلوخ، يظنّ غير واحد- وأنا من أصحاب هذا الظن- أنّك مصرّ على ما توحيه إليك البغضاء حتى الدقيقة الأخيرة فإذا حلّت هذه الدقيقة راجعت حلمك ورجعت إلى وحي الشفقة بما لا يدلّ عليه هذا التظاهر منك بالقسوة المتناهية. ويزيد أصحاب هذا الظن على ما قدمته أنك ستعدل عن النهج الذي نهجته إلى الآن من تقاضي بضعة اللّحم من جسم هذا التّاجر المنكود الطالع إلى ما هو أعرق في الإنسانية وأبلغ في السّماحة فتترك له نصف المقدار الأصلي من الدين ناظراً بعين الرّحمة إلى ما مُني به حديثاً من الخسائر التي لو مُني بها أعظم التجار ميسرة لأعسر [1] وهو الخطب الذي تلين له النفوس المتصلّبة كالنحاس وترقّ من جرائه القلوب المتحجّرة كالرّخام؛ بل الرزء الذي يرثي له جفاة التّرك ويبكي منه قساة التّتار أعداء كل رفق وأضداد كل كياسة. إنا نرقب إجابتك أيّها اليهودي وعسى أن تكون موافقة.

شيلوخ: لقد كاشفت سموّكم بمقاصدي وأقسمت بالسّبت وإنه لقسم لو تعلمون عظيم إلا ما تنجزت منطوق الصّك بالحرف فإذا أبيتم عليَّ

____

(1) افتقر.

104

ذلك فلتقع تبعة هذا الإباء على أنظمة حكومتكم وامتيازات مدينتكم. تسألونني علام أؤثر بضعة من اللّحم الخبيث على استئداء[1] ثلاثة آلاف دوقي. فجوابي: إنه لو قدر كون هذا الطّلب إحدى بدوات[2] عقلي لكفى ذلك في إيجابه، فقد يكون في بيتي جرذ ثقيل أطيب[3] للتّخلص منه عن ثلاثة آلاف دوقي. أفتبغون مني أسباباً أخر: من النّاس من لا يطيق رؤية خنوص[4] واسع الشّدقين ومنهم من يرتعد لرؤية سنور ومنهم من إذا سمع غنة المزمار لم يستطع حقن بوله؛ ذلك لأن شعورنا هو ذو السّلطان المطلق على موجداتنا[5] وفي يده أزمّة ما نحب وما لا نحب فإن أردتم بعد هذا جوابي فإليكم جوابي: كما أن الإنسان لا يستطيع بياناً لما بغّض إليه الخنوص المثائب وأخافه من السنور الذي لا يؤذي ونفّره من صوت المزمار ودفعه بقوة خفية لا مرد لها إلى التكره من رؤية ما لا يسره ولو عرّضه ذلك ليكون بغيضاً على الآخرين. كذلك أنا. وحسبي داعياً للتشدّد في مقاضاة أنطونيو وإيثار احتزاز[6] لحمه على استعادتي نقودي منه تأصل الحقد عليه في دمي وتمكّن الضّغن له من فؤادي أيرضيكم هذا؟

باسانيو: يا للرّجل الذي ليست له أحشاء. ما هذا بالعذر الذي يعتذر به عن مثل هذه الخطة.

---

(1) استيفاء.

(2) تقلبات.

(3) انزل عن.

(4) خنزير صغير.

(5) عداوتنا.

(6) إقتطاع

شيلوخ: ليس من الضروري أن يعجبك اعتذاري.

باسانيو: أكلّ إنسان يقتل من يبغض؟

شيلوخ: أيوجد انسان لا يحب قتل من يبغض!

باسانيو: ما كل إهانة تتولد منها البغضاء حتماً.

شيلوخ: أتريد أن ينكزك الثعبان مرتين

أنطونيو: تذكّر رعاك الله أنك إنما تحاور اليهودي وأنه أيسر لك من إقناعه أن تقف على الشاطئ وتأمر البحر بالجزر في غير أوانه فيزدجر أو أن تسأل الذّئب لماذا يستبكي النعجة التي افترس صغيرها وتركها تثغو [1] وراءه أو أن تخطر على صنوبر الجبل تحريك أغصانه الوريقة الشائبة أو الجهر بحفيف أعواده حين تصدمه الرّياح أو الجهر بحفيف أعواده حين تصدمه الرّياح أو أن تعمل أشق ما يرام عمله من أن تتوصّل إلى تليين أقسى شيء في الدّنيا وهو قلب اليهودي – فقدك [2] توسلًا وحسبك جهداً وليصدر عليّ الحكم وشيكاً [3] ولتكمل مشيئة اليهودي.

باسانيو: هذه ستة آلاف دوقي بدلاً من ثلاثة الآلاف.

شيلوخ: لو قسم كل من هذه الدوقيات إلى ستة أقسام وصار كل قسم دوقياً لما رضيت بها عوضاً ولا ابتغيت إلا إنفاذ الشرط.

الدوج: أية رحمة يجوز لك أن ترجوها وأنت لا ترحم.

---

(1) صوت النعجة.
(2) كفاك.
(3) عاجلًا.

شيلوخ: ماذا أخشى وأنا لم أصنع شراً. للأكثرين منكم أرقاء شريتموهم بالأموال وتستخدمونهم استخدامكم لحميركم وكلابكم وبغالكم في أعمال حقيرة سافلة بعذر أنهم مما ملكت أيمانكم بالشراء. فلو قلت لكم أعتقوهم وزوجوهم من بنيكم أو بناتكم. علام هم موقرون بالأحمال. لتكن أفرشتهم وثيرة كأفرشتكم ولتكن أطعمتهم شهية كأطعمتكم- لأجبتموني هؤلاء الأرقّاء هم ملكنا- وهذا عين ما أجيبكم به فإن بضعة اللَّحم التي أطلبها من هذا الرجل قد ابتعتها بثمن غال وهي لي وإياها أقتضي فإن أبيتموها عليَّ لم تجدر قوانينكم بعد ذلك إلا بالازدراء ولم نرج طاعة بعد لأوامر البندقية ونواهيها. اني لأرتب حكمكم، تكلموا، أَأَظفر بذلك الحكم!

الدوج: سآمر وعليَّ العهدة بإرجاء الدعوة إلا إذا وفد اليوم العلامة بلاريو الذي بعثنا في طلبه لنسمع منه الرأي الفصل في هذه المعضلة.

سالارينو: مولاي: بالباب رسول من بادوا. يحمل الوكاً من ذلك الأستاذ.

الدوج: أدخلوا الرسول وجيئوني بالرّسالة.

باسانيو: تجلد يا أنطونيو يا صديقي الحميم ليأخذنّ اليهودي دمي وعظامي وكل شيء مني قبل أن تراق قطرة من دمك لأجلي.

أنطونيو: إن أنا إلا نعجة جرباء ولابد من موتي لنجاة السّرح.[1] أعجل الثمار إلى السقوط ضعافها فلأسقط. وأنت فاسلم جديراً بالبقاء لا

____

(1) القطيع.

أسألك إلا أن تكتب كلمة ترحّم على قبري.

(تدخل نريسا في زي كاتب محام)

الدوج: أقادم من بادوا. من قبل الاستاذ بللاريو؟

نريسا: نعم يا سيدي وهو يقرىء سموّكم السلام.

باسانيو (مخاطباً شيلوخ الذي يشحذ سكينه على أديم حذائه): لماذا تشحذ مديتك بهذا النشاط؟

شيلوخ: لانتزاع لبرة من لحم هذا المفلس.

غراتيانو: إنها تشحذها على الحجر الذي بين جنبيك لا على أديم نعلك أيّها اليهودي الغليظ الكبد. وأي حديد لو كان سيف الجلاد يعادل منك هذا الثقل والمضاء في الخنق والبغضاء. ألا تستمع لضراعة؟

شيلوخ: لا أستمع، وخصوصاً لضراعة من مثل ما يوحيه إليك فكرك الثاقب.

غراتيانو: ويك اذهب لعيناً أيها الكلب الجهنمي العقور ولتكن حياتك شكاية من العدل. تكاد تزعزع إيماني وتدخل على عقيدتي قول فيثاغور[1] إن نفوس البهائم تنتقل إلى جسوم الناس فإن روحك ولا ريب كانت في ذئب أماتوه شنقاً لافتراسه إنساناً فانطلقت تلك الخبيثة هائمة حتى انتهت إليك وأنت في بطن أمك السعلاة[2] ذلك لأنّ ما بك بالذئب من النّهمة إلى اللّحم والظمأة إلى الدم.

____

(1) فيلسوف وناني قديم.
(2) أنثى الغول.

شيلوخ: ما دام قزعك[1] وسبابك لا يمحو التوقيع عن الصكّ، فأنت تتعب رئتيك في باطل. أيها الفتى أصلح ما اعتور عقلك من التّلف لئلا تقع في خبال عقام.[2] هنا القانون حليفي.

الدوج: إن بللاريو في ألوكه هذا يوصي المحكمة بأستاذ مقتبل الشباب عليم؛ أين هو؟

نريسا: ينتظر على مقربة إذن سموّكم بالدخول.

الدوج: آذنه بارتياح. ليبادر ثلاثة أو أربعة منكم إلى ملاقاته وليصحبوه في المجيء بصنوف الحفاوة ولتقرأ في هذه المهلة الوكة بللاريو.

المحضر (قارئاً): «أرفع إلى علم سموّكم أنني كنت معتلاً حين تناولت الكتاب الكريم إلا أنه اتفق ساعة قدوم رسولكم أن عادني صديق في ريعان الشّباب متضلّع من الحقوق سنيّ[3] المنزلة بين علماء رومة يدعى بلتزار فطرحت عليه مسألة اليهودي والتاجر أنطونيو، وبعد أن راجعنا الكتب ملياً أقررت رأياً سيطلعكم عليه معززاً بما يضيفه إليه من فيض علمه الواسع وإدراكه السّامي وقد أجابني بعد إلحاحي عليه إلى النيابة عني في المثول لديكم فألتمس إلا يحول العدد المنقوص من سنّه دون ما هو حقيق به من التجلة لعلوّ كعبه في القانون وما أذكر أنني شهدت رأسا أشيخ من رأسه على جسم أفتى من جسمه فهو موكول[4] إلى حفاوتكم وفضل رعايتكم وفي يقيني أن أعماله ستكون أبلغ في التوصية

(1) سبابك.
(2) جنون لا يشفى.
(3) عالي.
(4) مفوّض.

به من أقوالي».

الدوج: سمعتم ما ذكره العلامة بللاريو وهذا نائبه الفاضل إن صدق تخميني.

(تدخل بُرسيا في زي عالم حقوقي)

الدوج (مستمراً): هات يدك. أقادم أنت من قبل الشيخ بللاريو؟

بُرسيا: نعم يا مولاي.

الدوج: على الرّحب والسّعة. إجلس. أتدري المسألة التي تهتم بها المحكمة الآن؟

بُرسيا: أعرف المسألة بتفصيلها. من في هؤلاء التاجر؟ ومن فيهم اليهودي؟

الدوج: أنطونيو وشيلوخ تقدّما كلاكما.

بُرسيا: أتسمىّ شيلوخ؟

شيلوخ: إسمي شيلوخ.

بُرسيا: دعواك غريبة في بابها ولكنها مسوقة سياقاً لا يملك معه قانون البندقية توقيف سيرها (مخاطبة أنطونيو) أوأنت الذي أمرك الآن منوط بأمره؟

أنطونيو: هذا ما يزعمه.

بُرسيا: أتعترف بالصكّ؟

أنطونيو: أعترف به.

بُرسيا: على اليهودي إذاً أن يكون رحيماً.

شيلوخ: من الذي يضطرّني إلى الرّحمة؟

بُرسيا: جمال الرّحمة أن تكون خياراً لا اضطراراً. فهي كماء السّماء ينهمل بالخير ويهطل باليمن[1] عفواً ممن وهب وبركة لمن كسب. فإذا كانت الرّحمة عفواً صادراً عن مقدرة فهنالك بهاء قدرتها وازدهاء جلالها. أما تراها إذا تحلّى بها الملك القائم كانت لهامته أزين من التاج وفي يده أقوى من صولجان الأمر والنّهي وكان عرشها المنصوص في قلبه أعظم تمكيناً له من عرشه الذي يستوي عليه لأنها من صفات الله عزّ وجلّ. ولا يكون السلطان الدّنيوي أقرب شبهاً إلى السلطان العلوي منه إذ يتلطف العدل بالرحمة. فيا أيها اليهودي مهما يكن من استنادك في دعواك إلى العدل فلا تنس أن الله لو عامل كلاًّ منا بمحض العدل لما بات إنسان على رجاء بالمغفرة والنجاة. لهذا نستغفر الله كل يوم في أدعيتنا. وكما نستميحه العفو يجب علينا أن نكون من العافين عن الناس. وإنما خاطبتك هذا الخطاب لأنبهك إلى ما في طلبك من التغالي بل الإغراق في التقاضي فإن لبثت على إصرارك مع هذا فلا يسع المحكمة إلا الامتثال لما يوجبه القانون من عقوبة هذا التاجر.

شيلوخ: لتقع تبعة أعمالي على رأسي. أتشبّث بالقانون وألحّ في إنفاذ شرطي.

____

(1) البركة.

بُرسيا: أليس في طاقته أن يوفي الدّين؟

باسانيو: بلى في طاقته وأنا مستعد لأدائه في هذه الحضرة بل لأداء مثليه فإن لم يكتف تعهّدت بعشرة أمثال المطلوب تعهّداً أفادي عليه بساعديَّ ورأسي وقلبي لإن لم يكتف تبين إذاً أن العوج يدول[1] من الاستقامة أو أن الرّذيلة ترهق[2] الفضيلة فإليكم أضرع بإلحاف أن تلطفوا بسلطانكم قدرته على الإساءة متوسلين بأدنى الضير للوصول إلى أسنى الخير كابحين بتأييد من الله الرحيم جماح هذا الشيطان الرجيم.

بُرسيا: هذا ما لا ينبغي كونه. وما من قوة في البندقية تستطيع تشذيب[3] القانون النافذ. فلو فعل ذلك لأعقبه ما لا يحصى من ضروب التّجاوز قياساً على هذا التّجاوز الأول.

شيلوخ: ليس قاضينا إلا دانيال[4] ذلك النّبي الكريم. أجل هو دانيال. ألا أيها القاضي المليء بالحكمة على نضارة عودك ما أجلّ قدرك في نفسي.

بُرسيا: أستميح الإطلاع على الصكّ.

شيلوخ: ها هو أيها العلّامة الموقّر ها هو.

بُرسيا: شيلوخ قد عرض عليك ثلاثة أمثال المقدار.

شيلوخ: سبق اليمين. سبق اليمين. حلفت بالله؛ أفأحنث. لا ولو أعطيت البندقية كلها.

-----

(1) يتغلّب.

(2) تضعف وتوهي.

(3) تعديل.

(4) اسم نبي مذكور بالتوراة.

بُرسيا: انقضى أجل هذا الصكّ وبموجب الخط الذي فيه حقت لليهودي قانوناً لبرة من لحم التاجر تبضع مما حول القلب. أيهاً. كن رحيماً. تقبل ثلاثة أمثال نقودك وأجز لي أن أمزق هذا الصكّ.

شيلوخ: ليمزّق بعد إجراء مقتضاه؛ بينٌ أنك قاضٍ جليل عليم بالقانون فقد شرحت الموضوع شرحاً هو الصّحة بعينها فباسم القانون الذي أنت من عماده الراسخات أكلفك إيقاع[1] الحكم وأقسم بنفسي أنه ليس في قدرة فصيح من البشر أن يحوّلني عن قصدي فلا مناص من إنفاذ حكمي.

أنطونيو: ألتمس من المحكمة بإلحاف إيقاع حكمها.

بُرسيا: الحكم؟ يوجب تعريض صدرك لمديته.

شيلوخ: يا للقاضي النبيل يا للفتى اللبيب.

بُرسيا: ذلك لأن القانون موافق بجلاء وثبوت على الحقوق التي خوّله إياها نص الصك.

شيلوخ: قول لا ريب فيه. أيها القاضي الحكيم العادل ما أكبر سنك عقلاً وما أقلّها أعواماً.

بُرسيا: إكشف له صدرك.

شيلوخ: نعم صدره هكذا كتب في الصك. أليس كما أقول أيها القاضي الشريف؟ بجوار القلب؟ هكذا ذكر بالحرف.

---

(1) إصدار.

بُرسيا: لا معارضة. أيوجد هنا ميزان لوزن اللحم؟

شيلوخ: الميزان معي.

بُرسيا: يجب أيضاً أن يكون هنا جرّاح على نفقتك يا شيلوخ مخافة أن يموت الخصم من شدة انتزاف دمه.

شيلوخ: أهذا وارد في الصكّ؟

بُرسيا: لم يرد في الصكّ ولكنه عمل إنساني يحسن بك أن تعمله.

شيلوخ: لا أرى ما ترى وما لذلك ذكر في الصك.

بُرسيا: ادن أيها التاجر ألك أقوال؟

أنطونيو: شيء غير كثير. أنا متأهّب وصابر. هات يدك يا باسانيو وتلقّ وداعي. لا يحزنك أن صرت هذا المصير من أجلك فإن المقادير قد رفقت بي رفقاً ليس من مألوفها في مثل مصابي. فمن مألوفها أن تبقي من فقد جاهه حيّاً غار العينين مثقل الجبين بالغضون يتوقع شيخوخة البؤس والفاقة. أما أنا فإنّها أنقذتني من هذا العذاب الطويل وغاية ما أرجو أن تذكرني بخير لدى عروسك المشرفة وتخبرها كيف كانت نهاية أنطونيو وتصف مبلغ حبّي لك وتبثّها بثّك[1] ممّا ألمّ بك حين شهدت ميتتي[2] فإذا فرغت من ذلك أن تسألها: «ألم يكن لي صديق؟»، ثم أن لا تعاتب نفسك على وفاة ذلك الصّديق فإنه هو غير آسف على إبرائك من دينك مع علمه أن مدية اليهودي لو انحرفت أو تمادت قليلاً لذهبت بالقلب

____

(1) تشكو اليها شكواك.

(2) نوع موتي.

كله فداءً لك.

باسانيو: أي أنطونيو لقد شركت في حياتي إمرأة أهواها كهواي للحياة، غير أنني أكاشفك أن لا الحياة ولا امرأتي ولا الدنيا كافة بالشّيء الذي يعادل عندي بقاءَك فإني لأرضى بفقد أولئك جميعاً وتقديم أولئك جميعاً قرباناً لهذا الشّيطان في سبيل نجاتك.

بُرسيا: لو سمعتك زوجتك لما أعجبها هذا العرض الذي تعرضه.

غراتيانو: لي عروس أحبّها كل الحبّ وتالله لو علمت أنها بانتقالها إلى السّماء وبشفاعتها يلين قلب هذا اليهودي الوحش لسخوت لسخوت بها.

نريسا: الحمد لله أن سماحك هذا إنما ذكر في غيابها ولو سمعته لما عشتما في رفاه.

شيلوخ (منفرداً): كذا حال الأزواج من النصارى. لي فتاة وددت لو بنى[1] بها يهودي من نسل باراباس[2] ولا مسيحي كائناً من كان (جهراً) نحن نضيع الوقت. تفضلوا وانطقوا بالحكم.

بُرسيا: حق لك رطل من لحم هذا التاجر فخذ ما ثبت لك بموجب القانون وبأمر المحكمة.

شيلوخ: يا لك من قاض عادل.

بُرسيا: ثمّ لك أن تقتطع الرطل من صدره بموجب القانون وأمر المحكمة.

____

(1) إقترن.
(2) اسم اللص الذي صلب مع المسيح.

شيلوخ: يا للقاضي العالم. كذا الاحكام. تأهّب.

بُرسيا: رويدك. لم نستوف الحكم. الصكّ لا يجيز لك استنزاف قطرة من الدم بل نصَّه بالحرف: «من اللّحم» فخذ إذاً ما هو لك. خذ رطل اللّحم ولكن إذا سفكت عند اقتطاعها نطفة واحدة من دم مسيحي قضى عليك قانون البندقية بمصادرة أملاكك وأموالك ومآلها إلى الحكومة.

غراتيانو: يا للقاضي المنصف. ما قول اليهودي؟ يا للقاضي العلّامة.

شيلوخ: أهذا ما يقوله القانون؟

بُرسيا: سنطلعك على النّص لأنك طالب عدل فلن نرجع في الحكم إلا إلى العدل: أدق ما يكون العدل.

غراتيانو: يا للقاضي العليم ما قول اليهودي. يا للقاضي الفضيل.

شيلوخ: أما والحالة هذه فأنا أقبل ما عرض عليَّ. ليدفع اليَّ ثلاثة أمثال القدر ويطلق سراح النصراني.

باسانيو: ها النقود.

بُرسيا: مهلاً سينصف اليهودي كل الإنصاف. مهلاً، لا تتعجل. سيُعطى حقّه.

غراتيانو: يا يهودي أملي أن يكون هذا القاضي عادلاً وعالماً كقولك.

بُرسيا: تأهّب اذاً لانتزاع البضعة بلا إراقة دم واحرص أن تقتطع الرطل لا زيادةً ولا نقصاناً فإذا وُجد فرق ولو لم يكن إلا عشر معشار الذرّة أو لم يكن إلا مثقال شعرة في رجحان كفة الميزان على الأخرى قُتلتَ

وصودرت أموالك.

غراتيانو: هذا دانيال ثان. هذا دانيال يا يهودي. الآن قد أمسكت بتلابيبك.

بُرسيا: ماذا تنتظر أيها اليهودي خذ حقّك.

شيلوخ: أعيدوا إليَّ أصل قرضي وأنصرف.

باسانيو: هو معدٌّ لك. ها هو.

بُرسيا: أباه على المحكمة فلا بد من أخذه الحقّ الذي تقاضاه دون سواه كنصّ القانون بالتدقيق.

غراتيانو: دانيال بعينه. دانيال ثان. أشكر لك تعليمي هذه اللّفظة.

شيلوخ: ألا يُردّ عليَّ أصل مطلوبي.

بُرسيا: لن تأخذ يا يهودي إلا ما هو لك فتناوله وعليك تبعاته.

شيلوخ: إن كان الأمر كذلك فليحتفظ به ولينصرف عني إلى جهنّم. لن أطيل الإرغاء[1] في هذا المعنى.

بُرسيا: على رسلك[2] أيّها اليهودي لم يتنهِ الحكم بعد وإنَّ في القانون لبقية تعنيك؛ فقد جاء فيه أنه إذا ثبت على أجنبي توسّله بوسائل مباشرة أو مداورة[3] للقضاء على حياة واحد من الأهلين حق للمشروع في الجناية عليه نصف ما يملكه الشارع في الجريمة وللحكومة النصف الآخر

____

(1) تعبير يراد به اخراج الالفاظ من الفم بلا معنى كما تخرج الرغوة.

(2) على مهلك.

(3) غير مباشرة.

وجعلت حياة المأخوذ بالذّنب رهن إشارة الدوج بانفراده فأنا أجهر بأنّك تحت طائلة هذا النّص لأنه ظهر جليّاً أنك بوسائل منحرفة ومباشرة تآمرت على حياة المدّعى عليه وأوجبت على نفسك ذلك العقاب. فاجثُ والتمس رحمة الدوج.

غراتيانو: استأذن بأن تنصرف فتقضي على نفسك شنقاً ولما كانت أموالك قد آلت إلى الحكومة ولم يبق لديك ثمن الحبل تشتريه فمهماتك سيكون على نفقة الجمهورية.

الدوج: إني أمنحك الحياة قبل أن تلتمسها مني لتعلم الفرق بيننا وبينك وإذا أبديت ندماً على ما فات منك لطفت من القصاص الذي يجعل نصف أموالك لأنطونيو والنصف الآخر للحكومة فحوّلت الشّطر الثاني منه إلى غرامة فحسب.[1]

بُرسيا: فيما يرتبط بالنصف الذي يرجع إلى الحكومة دون النصف الذي يرجع إلى أنطونيو.

شيلوخ: خذوا حياتي إلحاقاً لها بالباقي فإنكم إذا أزلتم ركن البيت ذهبتم بالبيت. أفأعيش وأنتم لا تدعون لي ما أعيش به.

بُرسيا: بماذا تجود رأفتك عليه يا أنطونيو؟

غراتيانو: بحبل لا أكثر وأيم السّماء.

أنطونيو: حسبي أضرع إلى مولاي الدوج وإلى المحكمة أن يترك له نصف أمواله وحسبي ربع النّصف الآخر على عهد مني بتسليم ذلك النصف

____

(1) فقط.

حين وفاة اليهودي إلى الرّجل الذي تزوّج من ابنته ولي على تحقيق هذا العهد شرط، هو أن يوقع الآن بحضرة المحكمة على صكّ يخرج به عن كل مال في حوزته يوم وفاته لصهره لورنزو وكريمته.

الدوج: ليفعل أو أسترد عفوي.

بُرسيا: أتقبل أيها اليهودي؟ بمَ تجيب؟

شيلوخ: أقبل.

بُرسيا: أيها المحضر حرّر صكّ الهبة من فورك.

شيلوخ: تكرّموا وأذنوني بالانصراف فقد انهدّ عزمي ومتى جاءني الصكّ أمضيته.

الدوج: لك أن تنصرف ولكن إيّاك ألا توقع.

غراتيانو: سيكون لك عرّابان حين تنصيرك، لكنني لو كنت أنا قاضيك لكان لك بدلهما عشرة نفر يحملونك إلى المشنقة.

(يخرج شيلوخ)

الدوج (مخاطباً بُرسيا): أرجو يا سنيور أن تجيب دعوتي إلى العشاء اللّيلة.

بُرسيا: ألتمس خاشعاً من سموّكم إعفائي فإنني عائد إلى بادوا من ساعتي.

الدوج: أنا آسف لهذا الإسراع؛ أشكر يا أنطونيو لهذا العلّامة صنيعته[1] إليك فإنها لكبيرة فيما أظن. (يخرج الدوج والشيوخ بعد مطالعة عقد

____

(1) إحسانه.

119

الهبة صامتين)

باسانيو: أيها السيّد المبجّل إني وصاحبي لصنيعتاك[1] منذ اليوم بها أقررت به أعيننا من آيات حكمتك وبها أنقذتنا من فادح الخطب، فنبتهل إليك أن تتقبل ثلاثة آلاف الدوقي التي كانت لليهودي لا أجراً وفاقاً[2] بل بعض الجزاء لما مننت به علينا من حسن مسعاتك.

أنطونيو: هذا مع بقائنا مدينين لك مدى العمر بها هو فوق المال ومع إيجابنا على نفسنا كل خدمة وكل وفاء لك إلى آخر أيامنا.

بُرسيا: كفى بالبرّة مرضاة للبارّ واني لمسرور بكوني أنقذتكما فأعتدُّ هذا جزاءً وافياً ولم أكن قط ممن يقيمون للدّينار وزناً ونهاية ما أرغب فيه إليكما هو أن تعرفاني حين نلتقي بعد الآن وأسأل الله لكما النّعمة والهناء مستأذناً بالإنصراف.

باسانيو: إغفر لي يا سنيور إلحاحي عليك بأن تقبل هديّة منا على سبيل الذّكرى لجميلك لا على سبيل المكافأة وأتشدّد في التهاس أمرين منك: قبول الهديّة والصفح عن إلحاحي.

بُرسيا: أراك تلجّ لجاجة لا تبقي لي مندوحة من القبول (مخاطبة أنطونيو) أعطني قفازيك[3] سألبسها تذكراً لك (مخاطبة باسانيو) وأنت أقبل منك هذا الخاتم علامة على مودّتك- لا تردد يدك. لن آخذ منها أكثر من أكثر من هذا وأخالك مجيبي إلى ما طلبت.

---

(1) رهينتان لفضلك.
(2) وافياً.
(3) ما يلبس لتغطية اليدين أيام البرد.

باسانيو: هذا الخاتم يا مولاي - واشقوتا - أستحي أن أسديك شيئاً بهذه القيمة الدنيئة.

بُرسيا: بل هو الشيء الفرد الذي أقبله والآن قد ازددت رغبة فيه.

باسانيو: لهذا الخاتم ثمن معنوي عندي لا مناسبة بينه وبين ثمنه المالي فدعه لي على أن أبتاع لك أغلى خاتم في البندقية: خاتم أرسل في التماسه الدلّالين والمنادين منبثّين في كل جهة أيكفي ذلك لتعذرني عن السماح بهذا الخاتم؟

بُرسيا: أجد يا سنيور أنك لا تجود إلا بالوعود وقد علمتني كيف أقترح ثم تعلمني الآن كيف أمنع ما يثقل على الطبع من العطاء.

باسانيو: إني يا سيدي متشبّث بهذا الخاتم لأن امرأتي قد وهبتني إياه واستحلفتني حين وضعته في إصبعي إلا أبيعه ولا أسمح به ولا أفقده.

بُرسيا: هذا اعتذار يعتذر به غير واحد من الرجال عن إهداء ما يطلب منهم، إلا أنني أعتقد أن امرأتك إذا علمت بما فعلته لاستحقاق هذه الهبة لم يغضبها تخليك عن الخاتم في الحد الذي تتصوّره إلا إذا كان بها مسٌّ من الجنون. لا بأس. السلام عليكم.

(تهم بالإنصراف)

أنطونيو (مخاطباً باسانيو): أعطه هذا الخاتم يا سنيور باسانيو ألا تضع خدمته لي وصداقتي لك في كفّة من الميزان تقابل الكفّة التي فيها نهي عروسك؛ عجّل وأهده إليه.

باسانيو: إليك يا مولاي المبجل هذا الشيء الذي رغبت فيه قد طابت

121

نفسي عنه لك وانت المتفضّل الحميد حيّاك الله يا مولاي.

أنطونيو: حيّاك الله أيها السيد الأمثل ليتك تسمح بزيارتي الآن مع السنيور باسانيو فتزيدني إحساناً.

بُرسيا: أعتذر إليك على أسف مني لأنني مضطر إلى السفر عاجلاً.

(يخرج باسانيو وأنطونيو ويدخل خادم فيدفع ورقة إلى نريسا)

نريسا: هذا صكّ اليهودي قد جيء به الآن.

بُرسيا: لنذهب إلى اليهودي فيوقّع عليه حالاً ثم نبحر من فورنا لنسبق زوجينا إلى القصر.

(تخرجان)

الفصل الخامس

المنظر الأول

بلمنت- شارع أمام قصر بُرسيا

(يدخل لورنزو وجسيكا)

لورنزو: القمر يضيء إضاءة ساطعة. في مثل هذه الليلة كان النسيم الخفيف يداعب الأوراق مداعبة لا يسمع لها حفيف وكان «ترويل»[1] على أسوار «طروادة» يتنفّس الصعداء متلفتاً نحو خيام الإغريق ذاكراً حبيبته «كريسيده».

جسيكا: في هذه الليلة كانت «تسبا»[2] تطأ النّدى فرفع لها طيف أسد قبل أن ترى الأسد ففرّت مروعة.

---

(1) بطل طروادي
(2) معشوقة بيرام البابلي

لورنزو: في مثل هذه اللّيلة كانت «ديدون»[1] وبيدها غصن صفصاف واقفة على شاطئ البحر تنادي عشيقها وتشير إليه أن يعود إلى قرطاجة.

جسيكا: في مثل هذه اللّيلة ذهبت «ميده»[2] تقطف الأنبتة السّحرية التي بها تجدد شباب «أيسون».[3]

لورنزو: في مثل هذه اللّيلة فرَّت جسيكا من بيت اليهودي الغنيّ لاحقة بعاشقها المخاطر من البندقية إلى بلمنت.

جسيكا: وفي هذه اللّيلة حلف لها محبها اليافع لورنزو أن يهواها إلى آخر نسمة من حياته وقطع لها على الثّبات عهوداً لن يكون صادقاً في أحدها.

لورنزو: وفي مثل هذه اللّيلة وشت المعشوقة الماكرة جسيكا بمحبها فغفر لها ما فرط من ذنبها.

جسيكا: لولا سماعي خطى قادم لأطلت هذه المحاورة.

(يدخل ستيفانو)

لورنزو: من الساري بهذه السرعة؟

ستيفانو: صديق.

لورنزو: أيّ صديق؟ ما اسمك بحقّ الواد أيّها الصديق؟

ستيفانو: إسمي ستيفانو. وقد جئت لأبشّركم بأن مولاتي لا تلبث أن تصل إلى بلمنت وهي هائمة على وجهها كلّما صادفت أحد الصّلبان

---

(1) ملكة صور بانية أول معبد بقرطاجة.

(2) عرّافة يونانية قديمة.

(3) والد جازون أحد ملوك اليونان الأولين.

المقدّسة في طريقها جثت وضرعت إلى الله بأن يبارك في قرانها.

لورنزو: من يصحبها؟

ستيفانو: لا أحد سوى وصيفتها وناسك. أخبرني متفضّلاً، أعاد مولاي؟

لورنزو: لم يرد نبأ عنه إلى الآن. لنعد يا جسيكا ونهيّء لربّة القصر لقاءً لائقاً بها.

(يدخل لنسلو)

لنسلو: هيا. هيا. هو. هيا.

لورنزو: من ينادي؟

لنسلو: هيا. أرأيت مسيو لورنزو أرأيت السيّدة قرينة لورنزو. هيا. هو.

لورنزو: كفى صخباً ها هما.

لنسلو: هيا. أين. أين هما؟

لورنزو: هنا.

لنسلو: قل لهما إنه جاء بريد من قبل سيّدي مملوء الجيوب أخباراً سارّة وسيكون سيّدي في هذا المكان قبيل الفجر.

(يبتعد)

لورنزو: هلمي ندخل يا روحي العزيزة. وننتظر عودهما. ولكن لا. علامَ الدّخول. قد أبلغ الصديق ستيفانو أهل القصر أنّ مولاتك على وشك القدوم وقد جاء بالموسيقيين إلى هذا الخلاء ليكونو في الهواء الطّلق.

(يبتعد ستيفانو)

لورنزو (متمماً): ما أرقّ ضوء القمر في انبساطه هادئاً على وجه هذه المرجة الخضراء لنجلس ونشنف آذاننا بأنغام الموسيقى فإنَّ الظلام والسكوت أفضل مواقع الألحان. إجلسي يا حبيبتي جسيكا وسرّحي الطرف في هذا الفضاء العلوي الممدد تمديد المستوي الخشبي الصقيل وقد رصّع بما لا يحصى من الصُحيفات الذهبية اللامعة. ما من جرم في هذه الأجرام التي ترينها إلا وهو ضامّ نغمته السّماوية إلى خورس[1] الملائكة ذات العيون الملأى صبى ومثل هذا الشجي الشائق يتردّد في النفس الخالدة ولكن الكساء الضافي عليها من نسج الفساد وحمأة الصّلصال[2] يحول دون سماعنا ذلك الإيقاع.

(يدخل الموسيقيون)

لورنزو (متمماً): تعالوا ولتستيقظ «ديانا»[3] على أصواتكم. أطربوا بمحاسن ألحانكم مسامع سيّدتكم وليجتذبها الشّوق نحو مستقرّها.

جسيكا: لا أستطيع أن أكون فرحة عندما أسمع موسيقى شجيّة.

لورنزو: ذلك لأن قواك تكون صاغية. أنظري إلى مقنبة[4] من المهاري الوحشيّة الوثّابة ولما تبلُ[5] ما بالشكيم والحكم[6] من حكم وألم وألم تجديها

---

(1) مجموع المنشدين وهي لفظة يونانية.
(2) قدر الطين.
(3) إلهة الصيد.
(4) جماعة.
(5) قبل أن تختبر.
(6) حديد اللجام.

مندفعة بحرارة دمها الغالي اندفاع ما لا راد له تقرع الهواء برنات صهيلها. فاذا حملت الريح إليها بغتة عزفاً موسيقياً وقفت جماعةً من فورها وغلب فعل النّغم الذي سكنت إليه على تلك العزيمة الهمجيّة التي كانت تتقد في عينيها ولهذا ادّعى الشعراء وما أخطأوا أن أورفه[1] كان يجذب إليه الأشجار والصّخور واللّجج إذ ما من مخلوق بلغ ما بلغ من البلادة وجمود الحسّ والهمجيّة إلا وللموسيقى تأثير في طبيعته. الرّجل الذي لا يشعر بالموسيقى ولا يهزّه الطّرب إنما هو مفطور على الغدر والاحتيال والاغتيال. حركات نفسه كقطوب الظلام وأهواؤه سود كأهواء[2] الريب. وقصارى القول إنه رجل يحذر شره ويتقي ويُتقى أمره. لنتسمع للموسيقى.

(تظهر بُرسيا ونريسا من جانب آخر)

بُرسيا: هذا النّور السّاطع منبعث من كوة المزارة الكبرى في قصري ما أبعد مداه بالإضاءة وما أشبهه بالعمل الطيب في هذا العالم الخبيث.

نريسا: لم ننظره من قبل أن يغشى السحاب القمر.

بُرسيا: وهكذا المجد الصغير يستغرقه المجد الكبير. يظل رسول الملك متألّق المظهر حتى يجيء مولاه فيتوارى الرّسول في جلال الملك كما يتلاشى الجدول الضعيف في البحر الواسع. أسمعُ أنغام موسيقى؛ لنصغ إليها.

نريسا: هذه موسيقى القصر.

____

(1) نابغة مزعوم للموسيقى عند اليونان الأولين.
(2) جحيم الظلمات السفلية في الاصطلاح اليوناني القديم.

بُرسيا: قيمة الأشياء أبداً نسبيّة ويخيل إليّ أن هذه الألحان أشجى الآن منها في النهار.

نريسا: السّكوت يا سيدتي يعيرها هذا الطرب.

بُرسيا: إنها الغراب والقنبراء واحد في أذن من لا ينصت إليهما وعندي أن البلبل لو غرّد نهاراً بين صداح الإوز لما أنزل من الطرب إلا في منزلة البوبانة[1] وكم وكم من الأشياء لا يتأتى سناء[2] قدرها ولا يتسنى لها تمام بهجتها إلا من ملاءَمة آنها أو أينها.[3] صه[4] قد رقّ النغم لئلا يستيقظ العاشقان النائمان على وساد واحد.

(ينقطع صوت الموسيقى)

لورنزو (قادماً ومخاطباً أحداً وراءَه): هذا صوت بُرسيا أو شدّ ما أنا مخطئ؟

بُرسيا: عرفتني كما يعرف الأعمى رنّة الواقتة[5] لسوء ما تتشبه نغماتها بنغمة الطائر.

لورنزو: على الرّحب نزولك في دارك يا مولاتي.

بُرسيا: ضرعنا إلى الله استدراراً للخير على زوجينا وأملنا أن يكون دعاؤنا قد استجيب. أرجعا؟

---

(1) نوع من العصفور.
(2) علو.
(3) مكانها.
(4) اسمعي.
(5) اسم اصطلح عليه المعرب لتسمية الساعة الكبيرة ذات الرنين.

لورنزو: تقدّم بشير بقرب ورودهما.

بُرسيا: أدخلي القصر يا نريسا وأوصي خدمي بألّا يبوحو بغيبتنا. وأنت يا لورنزو حذار أن تفشي السرّ. وأنت يا جسيكا.

(يسمع معزف)

لورنزو: هذا معزف قرينك فهو قاب قوسين منا. نحن حفظة للعهد فلا تخشي أن نكاشف أحدا بما في الضمير.

بُرسيا: يكاد اللّيل وهذا إقماره يشبه بالنهار غشيت السّحب شمسه فبدا في حلة من البهار.

(يدخل باسانيو وأنطونيو وغراتيانو وأتباعهم)

باسانيو: لو حلي اللّيل بطلعتك لكانت الشّمس معاً في هذا المكان وفي مقاطره[1] من الأرض.

بُرسيا: يضيء نوري من غير أن يزدهر فإنّ المرأة البعيدة الإشراق لا يكون زوجها إلا محنقاً غضوباً وبودّي ألا تكون ذلك أبداً. إنما يفعل الله ما يشاء. أهلاً بك يا مولاي في أهلك وسهلاً في سهلك.

باسانيو: حيّاك الله وشكر لك عني يا سيدتي. تفضّلي ورحّبي بصديقي: هذا أنطونيو. هذا هو الرجل الذي أنا مدين له بكثير.

بُرسيا: حقاً إنك مدين له بكثير لأنه ارتبط من أجلك بعهود خطيرة.

أنطونيو: غير أنني قد كوفئت أحسن مكافأة عن كل ما كان.

---

(1) القطر الذي يقابله.

(يحدث حوار بين غراتيانو ونريسا)

بُرسيا: مرحباً بك في هذا الصّرح يا سنيور سنحاول إثبات وفائنا لك بغير الألفاظ فدعنا من المجاملة الشّفوية غير المفيدة.

غراتيانو (مخاطباً نريسا): وأيم هذا القمر المنير أنت مخطئة بشكواك مني قسماً بقولي وإنه لصادق. لم أهدِ الخاتم إلا إلى كاتب المحامي ليت ذلك الكاتب لم يكن ولا السبّب الذي أثّر فيك هذا التّأثير كله.

بُرسيا: ويكما أبدأتما الشّجار. علامَ تختلفان؟

غراتيانو: على خاتم ذهب لا قيمة له أعطتني إياه وعليه كلمات منقوشة مما يحفر مثله صنّاع المدى[1] وتلك الكلمات بلفظها «أحببني ولا تتركني».

نريسا: ما دخل القيمة أو النقش؟ عندما وهبتك إياه أقسمت لي أنك تستبقيه إلى الممات بل تستصحبه إلى القبر فكان جديراً بك تحرماً لإيمانك المغلظة أن تحتفظ به. لكنك تزعم أنك جُدتَ به على كاتب محام. وأنا على يقين من أن ذلك الكاتب لم ينبت الشعر في ذقنه.

غراتيانو: سينبت له عذار اذا أدرك الرجولة.

نريسا: أجل على تخمين أن الأنثى تصبح ذات يوم ذكراً.

غراتيانو: أعزم[2] أنني أهديته إلى غلام مراهق[3] ربعة[4] لا ينيف عليك طولاً وهو كاتب القاضي. إلتمسه مني أجراً لخدمته ولم أجرؤ

---

(1) السكاكين.

(2) أحلف.

(3) مقتبل الصبى.

(4) لا طويل ولا قصير.

أن أضن به عليه.

بُرسيا: إذا وجبت المصارحة بما في الضّمير فقد أخطأت بأن منحته من غير تبصّر أول هديّة أهدتها إليك امرأتك ولاسيما وهي خاتم تقلّدته مقسماً بالحرص عليه وكان جديراً بأن يستمرّ لصيقاً بلحمك بلحمك مدى العمر لأنه عربون الوفاء الزوجي. على أنني قد أهديت إلى قريني خاتماً من قبيله واستحلفته إلا يطيب عنه نفساً فاسأله تتيقن كيقيني أنه لو بودل عليه بكنوز الخافقين لما أخرجه من إصبعه. حقاً يا غراتيانو. لقد أحدثت في نفس امرأتك سبباً مثيراً للشّجن ولو أحدث بعلي مثله في قلبي لذهب بلبّي.[1]

باسانيو (منفرداً): يا للداهية. كان خيراً لي أن أقطع يسراي وأقسم أنني لم أفقد الخاتم إلا بعد دفاع مجيد.

غراتيانو: السنيور باسانيو منح خاتمه للقاضي بعد أن لجّ في طلبه وكان القاضي خليقاً بأن يعطى ما يشاء. أما أنا فقد رغب إليَّ كاتب سرّه في الحصول على الخاتم الذي بيدي فعرفت له قدر ما كتب وما تعب وحققت أمله. على أنهما كليهما قد عفّا عن كل جزاء منا إلا هذين الخاتمين.

بُرسيا: أي خاتم وهبت أيّها السيد؟ لعله غير الذي أخذته مني؟

باسانيو: لو استطعت أن أضيف أكذوبة إلى ذنبي لأنكرت ولكنك ترين أن الخاتم ليس في إصبعي وقد فقدته.

بُرسيا: ويحك من قليل الإيمان حانث بالأيمان. آليت بالعلي العظيم ألا

____

(1) عقلي.

أُدخل سريراً أنت فيه ما لم أجد خاتمي.

نريسا: وأحلف مثل حلفتها أو أجد خاتمي.

باسانيو: يا سيّدتي الجميلة لو كنت تعلمين لمن أعطيته ومن أجل من أعطيته وبعد أي تمنّع أعطيته إذ لم يرضه أي شيء سواه لرفهت[1] عليك وخفّفت من كدرك.

بُرسيا: وأنت لو علمت قيمة ذلك الخاتم أو نصف قيمة الإنسان الذي وهبك إياه ولو أدركت أنّ شرفك مرتبط بأن لا تتخلّى عنه لما طبت عنه نفساً. ولو تشدّدت ببعض التشدّد الواجب في الدفاع لما وسع رجلاً عنده ما قلّ من الرّقة والكياسة أو الأدب أن يصرّ على سلبك شيئاً له عندك مثل تلك الكرامة. لقد أفهمتني نريسا ما يجدر بي أن أظنّه. وأنا الآن على ثقة من أن الخاتم إنما أهدي إلى إمرأة.

باسانيو: لا يا سيدتي أعزم على شرفي وعلى نجاة نفسي أن الذي تلقى الخاتم ليس امرأة بل عالم حقوق لم يرض ثلاثة آلاف دوقي عرضناها عليه وإنما ابتغى خاتمي فبعد أن أبيته عليه وكاد ينصرف مغضباً مع أنه منقذ صديقي. ماذا أقول لكِ أيتها الحبيبة بُرسيا؛ غلبني على أمري عظم جميله واستحييت من ضنّي عليه تجاه تفضله عليّ فلم أجرؤ أن أدع على شرفي وصمة عار كوصمة هذا الجحود للإحسان فاغفري لي ذنبي يا مليكة لبّي، واستشهد كواكب السماء مصابيح هذه الليلة البيضاء أنك لو كنت حاضرة لأمرتني أمراً بإعطاء الخاتم لذلك الذّكي العالم.

بُرسيا: حذار أن يدنو عالمك من حرمي فتالله لو جاء بعد أن حصل على

____

(1) هوّنت.

الحلية التي كانت عزيزة عليَّ وكنت حالفاً بالحرص عليها من أجل حبي، لو جاء لما بخلت عليه بشيء يطلبه مما لا أبيحه إلا لقريني دون سواه. واعلم أنني سأعرفه فإياك أن تتغيب ليلة واحدة وإلّا ترقبني دائماً بعيون الحذر فإنك إن قصرت في ذلك أو تركتني يوماً منفردةً فوأيم شرفي الذي ما زال ملكي لأبيتنّ وضجيعي ذلك العالم.

نريسا (مخاطبة غراتيانو): وليكونن ضجيعي كاتبه إن غفلت عني.

غراتيانو: ليفعل إن استطاع وليكن إياه أن يقع في يدي فأهشم بها قلمه.

أنطونيو: يا أسفي أنا المسبّب لكل هذا الشجار.

بُرسيا: لا تبال ذلك يا سنيور ومرحباً بك على كل حال.

باسانيو: بُرسيا إصفحي لي عن هذه الغلطة التي وقعت برغمي وأقسم على مرأى ومسمع من أصحابنا هؤلاء. أقسم بعينيك اللّتين أرى فيهما.

بُرسيا: يا أيها الرجل الذي هو اثنان في واحد وكذلك يتراءى في كل من عيني. أقسم بازدواجك هذا أصدّق يمينك.

باسانيو: رحماك أصغي اليَّ. تجاوزي لي عن هذه الغلطة وأحلف بنفسي أنني لن أحنث بأيماني لك بعد اليوم.

أنطونيو (مخاطباً بُرسيا): قد سلف أنني رهنت من أجله حياتي وهي تلك الحياة التي كدت أسلبها لولا العالم الذي كوفئ بذلك الخاتم واليوم أرتهن لك عهدي عنه بأنه لن يحنث عن عمد أو على علم منه بأي أمر يكون قد عاهدك عليه.

بُرسيا: رضيت بك ضامناً فأعطه هذا الخاتم وأوصه بأن يحرص عليه

أكثر مما حرص من قبل (يتناول خاتماً ويدنيه إلى باسانيو)

أنطونيو: تناول هذا الخاتم يا سنيور باسانيو واحلف بأنك تصونه.

باسانيو: وأيم الله هو نفس الخاتم الذي وهبته للعالم.

بُرسيا: من يده تلقيته وغفرانك[1] يا باسانيو.

نريسا: (مخاطبة غراتيانو) كذلك أنا ألتمس عفوك يا حبيبي غراتيانو فإن ذلك الفتى المتقاصر كاتب القاضي قد أعاد إليَّ هذا الخاتم ليلة البارحة.

غراتيانو: غرابة وأيّة غرابة. أفرخت لنا قرون ولما يحن نباتها؟ ما أشبه هذه الحالة بإصلاح الطّرقات الجميلة صيفاً حيث لا حاجة إلى ذلك الإصلاح.

بُرسيا: لطف من ألفاظك. أجدكم جميعاً دهشين (مخاطبة باسانيو) هذا كتاب تقرؤه – حين فراغ – كتبه بللاريو من بادوا وفيه أن بُرسيا هي العالم ونريسا هي ناموسه[2]. وسيخبركم لورنزو أنّني سافرت منذ سافرتم. إنني إنما عدت الآن قبيل عودتكم فلم أملك أن أدخل قصري، أنطونيو مرحباً بك وإليك نبأً مبهجاً لم يكن في حسبانك: افضض سريعا هذا الالوك تر فيه أن ثلاثة من مراكبك مليئة بأثمن الأوساق قد بلغت إلى المرفأ سالمة بعد اليأس من نجاتها ولن أذكر لك المصادفة التي أوصلت إليَّ هذا الكتاب قبل انتهائه إليك.

(تدفع الكتاب)

____

(1) اغفر لي.
(2) كاتب سره.

أنطونيو: عيَّ لساني.

باسانيو (مخاطباً بُرسيا): يا عجباً أأنت التي كنت ذلك القاضي ولم نتبينك؟

غراتيانو (مخاطباً نريسا): يا عجباً أنت كنت ذلك النامّوس الذي انتدب ليستنبت لي قرنين؟

نريسا: نعم ولكن ذلك الفتى لن يفعل ما ذكرت حتى يصير رجلاً.

باسانيو (مخاطباً بُرسيا): نعم العلّامة الخلّابة ستكون أيّها الأستاذ قسيمي في سريري وإذا أنا غبت ضجيع امرأتي.

أنطونيو (وقد أتمّ القراءة): يا سيدتي لقد أفضتِ عليَّ جميع النّعم في إفاضة واحدة: الحياة ومقوّماتها وإن هذا الألوك ليؤيد تأييداً مانعاً للريب رسو سفني ناجية في الميناء.

بُرسيا: ثم اعلم يا لورنزو أن في حقيبة كاتبي أنباء تسرّك أيضاً.

نريسا: أجل وسأعطيكهما غير مأجورة فهذا عقد بموجبه نزل اليهودي الغني لك ولجسيكا نزولاً قانونياً وثيقاً عن جميع أملاكه وأمواله بعد مماته.

لورنزو: أيتها السيدتان الشّائقتان لقد أغدقتما[1] المنّ وأمطرتما السّلوى على الجياع العطاش.

بُرسيا: أوشك الفجر أن يلوح وما أجد عند أحد منكم إلا رغبة في الوقوف على تفصيل هذه الحوادث فهلموا ندخل فتسألونني وأجيبكم

____

(1) سكبتما بغزارة.

بجلاء عن كل ما تستوضحون.

غراتيانو: حبّاً وكرامة. لكنّني سأسأل نريسا بادئ بدء عمّا إذا كانت تؤثر التريّث[1] عن المبيت إلى الليلة الآتية أو اغتنام الساعتين الباقيتين من السّحر. أما أنا فلو كان الوقت نهاراً لتمنّيت عودة الظّلام وقضاء ساعاته في هناء مع كاتب القاضي ولن أخشى ما حييت بعد الآن إلا أن أفقد خاتم نريسا.

(يبتعدان ويهبط الستار)

---

(1) التمهل.

المحتويات